今さらきけない

Internal Control
内部統制と

Enterprise Risk Management
ERM

同文舘出版

神林比洋雄 著
Kambayashi Hyo

はじめに

　内部統制とは，組織における約束事です。したがって，日々の行動が内部統制であると意識するかしないかにかかわらず，組織が組成されれば，すべての組織において存在し，機能する仕組みと言えます。

　わが国において，内部統制という考え方や用語が，明示的に導入されたのは，いくつかの重大な不祥事がもとで，会社法における内部統制システム（2006年）や，金融商品取引法の内部統制報告制度（いわゆるJ-SOX，2007年）において，それぞれが定義する内部統制の整備や運用，さらにその評価や開示が法制度化されたことがきっかけとなりました。

　さらに，米国証券市場に上場している日本企業が，米国のサーベインズ・オックスレー法（2002年）により，2004年から，財務報告に係る内部統制の整備・運用・評価が義務付けられたことを考えると，日本では，この15年程度の間に，内部統制という言葉が広く知れ渡ることになったと言えます。

　ただ，多くの企業にとっては，他社の不祥事によって内部統制に係る規制が導入されたことから，法規制には対応しなくてはならないと考えるものの，内部統制を自分ごととして積極的には受け止められず，予期せぬ付加的な作業であり，どちらかと言えば，やっかいものとして扱われてきたことも事実ではないでしょうか。

　それは，内部統制が，会社法では，取締役や監査役等の善管注意義務の前提，あるいは善管注意義務そのものとして位置付けられたことも1つの要因でしょう。さらには，J-SOXにより，上場会社においては，公表される財務諸表に重大な虚偽表示がないことの根拠として，財務報告に係る内部統制の有効性に関して経営者が宣誓し，その宣誓内容の適正性に関して外部監査人が監査意見を表明するという形で取り入れられてきたことも影響しています。

　当たり前のことを当たり前に行ってきた企業にとっては，当たり前で

あった内部統制を新たな法規制の枠組みの中で再構築することの意義を十分に実感することができなかったのではないでしょうか。

　つまり，内部統制は，残念なことに組織の目的を達成するための仕組みではなく，法対応として取り組むべきものと認識されてきたわけです。多くの上場会社では，取締役会または執行経営陣の諮問機関として，内部統制委員会や，リスク管理委員会，コンプライアンス委員会が設置されており，内部統制システムや，重要リスクへの対応状況の定期的なチェックが行われていますが，「損失の危険」への対応など，法対応の性格が中心となっていることは否めません。また，J-SOX対応においては，導入当初に，外部監査人の適正意見表明に必要な監査範囲をもって，経営者の評価範囲が実質的に決められていった経緯があり，いまだにその"束縛"から脱却できず，現在でも過剰な内部統制への対応を目にすることも決して珍しくありません。

　このように，社内の約束事である内部統制が，社会の約束事としての法制度への対応，つまり規則主義の枠組みとして認知されてきたことから，規則主義がよく陥る形式的対応や形骸化という負の側面が近年，ますます強くなってきていることも事実です。一方で，会社法やJ-SOXに関連する重大な不正や不祥事もいっこうになくなりません。大きなコストを負担して内部統制を導入しても，なぜ不正や不祥事がなくならないのか，という素朴な疑問は，経営者のみならず，ステークホルダーや社会全体からも提起され，内部統制への信認が大きく揺らいでいるのが現状かと思われます。

　そもそもが，自らの目的を達成するため，自らが必要と考える仕組みを作り上げていくという自律的な性格の強い内部統制に，法制度の枠という他律的な面が強制的に組み込まれたため，内部統制の必要性に対する組織的な腹落ち感が弱いのではないかと考えられます。それは，視点を変えると，日本企業が進めてきた自律的な仕組みとしての，経営理念や社訓，行動規範の中に組み込まれている価値観が，実は，内部統制に

おいて最も重要な要素であるということの認識が薄いことが最大の要因ではないかと思われるのです。

社会規範としての内部統制の法制化は，内部統制の一面に焦点を当てたもので，決して内部統制を包括的に捉えたものではありません。それらは，組織における暗黙知を部分的に形式知化したものに過ぎず，1つの法制度で内部統制が何かということをすべて理解しようとするところにそもそも無理があるのです。

内部統制という言葉が定着する以前のことを振り返ってみると，例えば，江戸時代から明治維新，戦後の高度経済成長には目覚ましいものがあります。そこでは，「三方良し」などの商家の家訓や，「先も立ち，我も立つ」（石田梅岩），『論語と算盤』（渋沢栄一），「企業は社会の公器」（松下幸之助）などの優れた考え方が持続的に成長する企業や社会を形作ってきたことに疑問を挟む人はいないでしょう。実は，このような考え方こそ，内部統制において最も大切なことなのです。

したがって内部統制に対する消極的あるいは否定的な見方は，決して内部統制を正しく理解しているとは言えず，ましてや，内部統制に，必要にして十分な経営資源の投入をためらうことは，組織目的の達成を阻み，更なる成長の足かせになりかねないことを理解する必要があります。無論，企業経営や組織運営には優先順位があり，最終的には，リスクの大きさや経営者の覚悟のもとで，内部統制への経営資源投入の是非に係る意思決定が行われるべきであることは言うまでもありません。

そこで，内部統制とは何か，どう構築すべきか，どう見直すべきか，今さら聞けないと考えている方々，企業の経営者，組織の長，ガバナンス機能を果たす方々，組織の構成員の方々に，改めて内部統制の本質や，内部統制が企業の成功，あるいは組織目的の達成にいかに大切なものであるか，経営戦略，コーポレートガバナンス，リスクマネジメント，法規制，不正，監査役等による監査，内部監査，外部監査等の観点から，近時，議論されていることを踏まえて，解説を試みたいと思います。読者の皆様のお役に立つことができれば幸いです。

本書は，2018年9月より，2019年8月まで，公益社団法人日本監査役協会が発行する『月刊監査役』において，1年間12回連載された，「今さら聞けない　内部統制入門講座」を基に，最新情報も含めて内容を更新して整理したものです。

第3章

金融商品取引法の財務報告に係る内部統制報告制度（J-SOX）とは

第4章

COSOの内部統制フレームワークとは

第5章

全社的リスクマネジメント（ERM）と内部統制 〜Know Risk, Know Return

第6章

内部統制は不正を撲滅できるか

略語一覧表

ACFE	Association of Certified Fraud Examiners	公認不正検査士協会
ACFE Japan	Association of Certified Fraud Examiners Japan	日本公認不正検査士協会
AI	Artificial Intelligence	人工知能
AIA	the American Institute of Accountants	米国会計士協会
AICPA	American Institute of Certified Public	米国公認会計士協会
APB	Accounting Principles Board	会計原則委員会
BCP	Business Continuity Plan	事業継続計画
CIA	Certified Internal Auditor	公認内部監査人
CoCo	Criteria of Control Board	統制規準審議会［カナダ］
COSO	Committee of Sponsoring Organizations of the Treadway Commission	トレッドウェイ委員会支援組織委員会
CSR	Corporate Social Responsibility	企業の社会的責任
EDP	Electric Data Processing	電子データ処理
ERISA	Employee Retirement Income Security Act of 1974	従業員退職所得保障法
ERM	Enterprise Risk Management	全社的リスクマネジメント
ESG	Environmental, Social, Governance	環境・社会・企業統治
FASB	Financial Accounting Standards Board	財務会計基準審議会
FCPA	Foreign Corrupt Practices Act	海外腐敗行為防止法
FRB	Federal Reserve Board of Governors	米国連邦準備制度理事会
GAAP	Generally Accepted Accounting Principles	一般に公正妥当と認められた会計基準
GAFA	Google, Amazon, Facebook, Apple	グーグル，アマゾン，フェイスブック，アップル
IAASB	International Auditing and Assurance Standards Board	国際監査・保証基準審議会
ICEFR	Internal Control over External Financial Reporting	外部財務報告に係る内部統制
IFAC	International Federation of Accountants	国際会計士連盟
IIA	Institute of Internal Auditors	内部監査人協会

KAM	Key Audit Matters	監査上の主要な検討事項
KPI	Key Performance Indicator	主要業績指標
KRI	Key Risk Indicator	先行指標
NYSE	New York Stock Exchange	ニューヨーク証券取引所
OECD	Organisation for Economic Co-operation and Development	経済協力開発機構
PMI	Post Merger Integration	M&A成立後の統合プロセス
RCM	Risk Control Matrix	リスク・コントロール・マトリクス
ROE	Return On Equity	自己資本利益率
ROIC	Return on Invested Capital	投下資本利益率
RPA	Robotic Process Automation	ロボティック・プロセス・オートメーション
S&L	Savings and Loan Association	貯蓄貸付組合
SAC	Systems, Auditability and Control	システムの可監査性とコントロール
SAP	Statements on Auditing Procedure	監査手続書
SAS	Statements on Auditing Standards	監査基準書
SDGs	Sustainable Development Goals	持続可能な開発目標
SEC	Securities and Exchange Commission	米国証券取引委員会
SOX	Sarbanes-Oxley Act（US-SOX）	サーベインズ＝オックスリー法（企業改革法）

今さらきけない内部統制とERM

第1章

内部統制とは何か

□□ ┊ はじめに

　わが国では，内部統制への制度的対応である会社法の内部統制システムならびに金融商品取引法に基づく内部統制報告制度が導入されて，10年以上が経過しています。その間，度重なる不祥事や，ビジネスモデルの劣化等によるグローバル競争での日本企業の苦境を見るにつけ，相応の工夫は重ねてきたものの，攻めと守りの要である内部統制や全社的リスクマネジメント（ERM）に対する理解およびその実践がグローバル組織全体に十分に浸透しているとは，まだまだ言えない現状も目の当たりにしてきました。

　一方，2018年に改訂されたわが国のコーポレートガバナンス・コードにおいては，経営陣の積極的なリスクテイクを支える環境整備として，内部統制や全社的リスクマネジメントが単なるコンプライアンス対応にとどまらず，"攻めのガバナンス"としても強く推奨されてきています。

　では，内部統制という言葉や概念は，わが国において定着しているのかと聞かれれば，それはかなり普及してきており，市民権はしっかりと得ていると言えるでしょう。しかし，一方で，内部統制の本質や効用については，理解されているようで実は正しく理解されていないと思われる場面にまだまだ遭遇することも事実です。

　例えば，最近の品質に係る一連の問題においては，品質立国とも言われてきた日本で一体何が起こっているのか，関連するいくつもの調査報告書に目を通すにつけ，改めて問題の深さや複雑さを思い知らされます。品質の高さを武器に世界戦略の推進に成功してきた日本企業における，近時の製品やサービスの品質問題は，実は一社のみの問題ではなく，顧客ニーズの多様化，グローバル化，製品寿命の短期化，モジュール化による功罪，開発期間の短縮，コスト削減への強い要請などの激しい変化の中で，バリューチェーンにおいて取り上げられるべき問題であり，一方，機能組織における縦割りの弊害など，組織内の"垣根"においても

大きな落とし穴があることがわかってきました。

　内部統制の観点から見ると，一社一社はそれぞれ品質リスクに対応する内部統制をしっかりと進めているわけですが，昨今の品質問題は一社のみの"内部"の統制の問題ではなく，最終消費者を含むEnd to Endの取引先を含めた更なる取組みが不可欠であることが見えてきています。

　つまり過剰品質や劣化品質，さらに品質に係る開示不正リスクが川上から川下にいつの間にか転嫁され，品質の責任を誰がどのように取るべきなのか，また何をどこまで開示報告すべきなのかが見えなくなってきているとの懸念が示されています。品質検査や試験データが改ざんされ，"トクサイ（特別採用）"と言われる慣行が，これまでの阿吽の呼吸の範囲を超え，客観的であるべき企業間の取引関係においてその不確かな状況が整理されることなく，あるべき姿とのギャップがいつの間にか大きくなってきていたのではないかと考えられるわけです。

　品質を確保する観点からすれば，今や内部のみの問題ではなく，仕入先や納入先という外部をも含めた外部統制とも言うべき取組みが新たな喫緊の課題として浮上してきています。児童労働の禁止などを含めた，外部統制とも言えるサプライチェーンにおける内部統制の問題はすでにグローバルに規制が強化されているのは周知のとおりです。

　このように内部統制に係る環境がますます多様化する中で，第1章では改めて内部統制とは何かを問い直し，何のために，誰が，どのように推進していくべきかについて，原点に戻って検討していきます。

01 内部統制はどこまで構築すればいいのか〜他律性と自律性

　内部統制には，**図表1-1**に示されるように，会社法の内部統制システムや，金融商品取引法の財務報告制度における内部統制など，社会的な規制からくる他律的な面と，自らの目標達成のために整備・運用するという自律的な面があります。他律的な面としては，上記に加え，東京証

図表 1-1　他律的な内部統制と自律的な内部統制，どちらが大切か

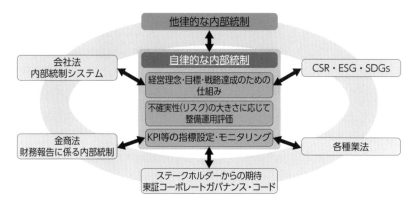

券取引所のコーポレートガバナンス・コードや，各種の業界を規制する業法，さらに，企業の社会的責任（CSR）や持続可能な社会の形成に寄与するために配慮すべき３つの要素とされる環境・社会・企業統治（ESG），さらに最近では持続可能な開発目標（SDGs）など，多くのステークホルダーからの期待なども他律的な要素と言えます。

　この他律，自律両者の関係ですが，まず自律的な内部統制は，企業の理念や目的の実現のために策定される戦略の前提であるシナリオや仮説を，そのとおりに具現化させるために構築されるものです。したがって，シナリオや仮説に影響を与える可能性の大きさに応じて，経営者が必要と判断する範囲で内部統制を設計することになります。

　他律的な要素は，通常，この自律的な内部統制の中に取り込むという形になります。なぜなら企業や組織においては，他律的要素のためだけの内部統制であってはならないからです。法的な要請等は，ある意味，社会からの最低限の期待であり，相応に対応することは当然の前提となるわけですので，企業や組織の理念，方針を基盤とする自律的な内部統制の中に取り込むことは当然のことと言えるでしょう。

　自律的な内部統制は，可能性に対処する際に経営者が達成したいと考える範囲やレベルに合わせて整備・運用することになりますが，ポイントは，どこまで自律的な内部統制を整備すればいいかということです。

　他律的な内部統制はある一定以上の客観的な水準を確保することが要請されるわけですが，自律的な内部統制は，自らの経営理念や目的達成のために，効率性と有効性を考え，その範囲や，時期，組織的な対応など，その方針，進め方をしっかりと自ら打ち出していく必要があるということになります。その意味では，内部統制とは，経営層の皆さんの思いそのものということが言えるでしょう。

コラム①　内部統制の語源

　内部統制は英語ではInternal Controlですが，このControlの語源と言われている話があります。中世のヨーロッパで飼育している羊を管理する際に，管理の対象物である羊の現状が，あるべき姿，例えば，前日の羊の数ならびに柵の状態を記録した羊皮紙の巻物（Roll）と照らし合わせて（Contrast），相違がないかを確認し，異常があれば，柵を直すなどの対応を取ることから，Controlという言葉ができてきたということです。

　また，この巻物を使って中世の商人は取引を進める中で現金残高を常にチェックしていたという話もあり，わが国で言う江戸時代の大福帳などと同様の機能を果たしていたと思われます。その意味では，江戸時代にすでに日本でも内部統制が存在していたとも言えます。

　この話を現代の経営に置き換えてみましょう。例えば，あるべき姿を，経営理念や経営戦略と考えるとどうなるでしょうか？　実際の経営状況はどうなのか，思いどおりの品質が提供できているのか，顧客満足は想定範囲以上のところにあるのか，社員のモラールは高く維持されているのか，など重要な経営課題について，その進捗状況をよく表す何らかの記録や指標に基づいて適宜確認し，必要な手立てを取っていくことがコントロール，つまり内部統制ということになるわけです。

02 トップの姿勢と内部統制

内部統制は，いろいろな形で説明されています。わが国の法令や世界的な内部統制のフレームワークなど，各分野で設定されている定義は今後，整理・詳述していきますが，平たく言えば，**「内部統制とは，企業の理念や組織の目的，戦略，目標などを達成するために，企業や組織のトップを含む構成員が守るべき組織風土，価値，ミッション，ルールや仕組み」**ということになります。企業や組織の仕組みですから，その仕組みに責任を有するトップマネジメントの姿勢が内部統制においては最も重要な要素となります。

つまり，内部統制の品質は，トップマネジメントにかかっていると言っても過言ではありません。企業や組織の構成員が何を最も重要と考えて日々行動するかは，トップの考えや思いが，いかに組織全体に隅々まで浸透しているかにかかっていると言えます。この浸透の広さと深さこそが，内部統制の有効性に大きく影響することになるのです。

トップの考えが企業や組織にどの程度浸透しているかは，企業や組織の伝統や歴史，規模の大きさ，グローバル化の進展具合，あるいは事業の複雑さなどに影響を受けますが，残念ながら，通常，トップの期待やトップが理解しているほどには，浸透はしていないと思われる状況をよく目にします。したがって，むしろ，トップの思いは十分には浸透していないということを常に前提とした施策を講じる必要があります。

その際の効果的な方法は，トップマネジメントが経営層は無論のこと，特に中間管理層と意思疎通をよく図り，さらに中間管理層が末端までトップの考えを浸透させていく，例えば駅伝やリレー競技で，たすきを渡したりバトンタッチをしていくようなやり方が有効となります。それは，組織の構成メンバーには，組織の方針を大切にする一方で，直属の上司の指示にも忠実に従うことが期待されているからです。それぞれの組織上の立場を尊重し自発的に工夫を重ねていく方式が，トップの思いへの

共通認識を高める上で，ゆっくりですが，しかし，じわじわと着実に効果を上げていく例をいくつも目にしています。無論，バトンは落とさないよう，日頃の訓練は不可欠です。

　また，トップマネジメントは，時として，組織のリスク対応能力や社内ルールを超えて，乾坤一擲，勝負に打って出ることが必要なときもありましょう。成熟した内部統制から提供される情報を念頭に，最終的に下されるトップの英断に大いに期待したいところです。そこでは，内部統制が，トップの決断に必要な様々な情報を提供し，孤独な経営者を支える大変重要な役割を果たしているのです。

　そのような，いわゆるリスクキャパシティ（組織が戦略と事業目標を追求する上で受け入れることが可能なリスクの最大限の量と質）を超える範囲での意思決定が許されるのは，しかるべき議論を十分に重ねた上で，最終的に取るべきと判断されたリスクを積極的に取るときです。逆に，コンプライアンスリスクなど，そもそも取ってはならないリスクを取ることは，意図的か否かにかかわらず，許されるものではありません。

　経営者の独断による組織のリスク対応能力や社内ルールを超えて取るべきリスクを取るケースと，取ってはならないリスクを取るケースのいずれも，**経営者による内部統制の無効化（マネジメント・オーバーライド）** と言われます。この経営者による無効化の結果が時にはいわゆる不祥事につながり，責任追及の俎上に載ることになるのです。

　ただし，積極的にリスクを受け入れ，結果的に失敗に終わったとしても，関係者と議論を尽くし，著しく不合理な判断でない限り，「経営判断の原則」が適用されることもあり，必ずしも法的に責任が問われるわけではありません。

　大切なことは，トップがいかなる決断を下すにしても，判断するための情報の品質が成否を分かつことになるため，トップにいかに適時・的確な情報を提供するかということです。この最終的な決断のために，最高品質の判断情報を提供するという重要な役目を果たすのが内部統制なのです。したがって，トップを支える内部統制の有効性をいかに確保し

ていくかが大変重要な経営課題になるのです。

03 経営理念，戦略と内部統制

　すべての企業や組織には，規模の大小を問わず，営利・非営利を問わず，政府機関なども含め，それぞれの存立目的や経営理念があります。その目的，理念の達成のために，短期的あるいは中長期的な戦略や方策が策定されることになりますが，戦略や方策は，通常，複数の代替案やオプションの検討を経て決定されることになります。目的や理念の達成に最も貢献すると思われるものの中で，実現可能性や，コスト効率など，様々なトレードオフを判断して，最終的な選択が判断・決定されることになります。

　このように入念な検討の上で選択される戦略や方策ですが，その実現可能性には必ずと言っていいほど不確実性という厄介なものが伴うことになります。すべてが思いどおりにはいかないというのが世の常です。また，たやすく実現できる戦略であればあるほど，目的や理念の達成への貢献度は相対的には低くなることも認めざるを得ないでしょう。つまり，競争相手も想定を超える努力を進めているかもしれず，さらに自社の新技術開発の成功確率が必ずしも期待どおりに上がっていかないことなどから，目的や理念の達成に向けては，その実現がある程度困難と思われる戦略や方策を選択せざるを得ないことになります。

　それでは，そのように選択される戦略や方策の実現可能性をどのようなレベルに設定すればいいかということですが，夢や希望をしっかりと抱きつつも，一方で現実を見つめたものでなくてはならず，通常，それは相応の努力をすれば手が届くレベルに設定されることになります。

　そのレベルとは，具体的には，内外の2つの可能性，いわゆる外部環境の変化からくる可能性に対応しながら，一方で，現在の組織の力，つまりヒト・モノ・カネ，情報や組織風土等の経営資源の力量や将来の可

能性などの内部環境の変化からくるもう１つの可能性にも対応しつつ，なお達成可能なレベルでなくてはならないということになります。

　戦略や方策の実現を支える仕組みが内部統制ということですから，内部統制は，必然的に「戦略や方策の実現可能性」（ここでは，他に示すことがない限り，リスクを可能性と定義します）を把握して，その可能性（リスク）の大きさに合わせて仕組みを構築，あるいは変化に応じて常に見直しをしていく必要があります。この仕組みこそが内部統制ということになります。

　図表1-2の「やじろべえ」のように，戦略を基軸にして，リスクと内部統制のバランスが取れていなければなりません。「やじろべえ」がリスクに傾くと，起こっては困る様々なことが頻発しかねません。一方，内部統制に傾くと効率や生産性が落ちることになります。そこで，この絶妙なバランスを常に維持するには，サイエンスのみならずアートの感覚を持ち合わせる必要があります。ハード的なデータや指標のみならず，ソフト的な感覚や信念からくる直感などが微妙な調整を果たすことになります。

　内部統制に対して，やらされ感があるとか，形骸化しているとか，様々な後ろ向きの声もよく聞こえてきます。中には，内部統制の本質が目的

図表 1-2　戦略─リスク─内部統制

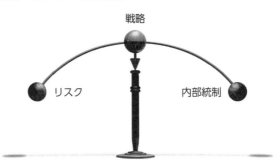

や理念を実現する仕組みであるということが理解できていないことからくる誤解もよく見聞きします。内部統制は，実は戦略の実現を支える頼もしい存在であり，適切な内部統制なくしては，いかなる組織や企業も持続的成長は望めないことを，組織全体が理解する必要があります。

04 内部統制の全体像

（1）内部統制の目的と全体像

　では，経営陣の思いを具体的に展開する内部統制の全体像とはどういうものなのか，見てみましょう。まず，内部統制は，目標達成のために，企業や組織の一部のメンバーのみならず，役職員全員が，それぞれの役割に応じて整備・運用していくものだということです。冒頭でも触れましたが，今や，購買先などの取引先も含めた内部統制の在り方が問われていますので，対象範囲にも注意が必要です。

　内部統制の目的は，戦略や組織目標の達成です。少し詳しくお話ししますと，戦略や事業目標を達成する上で，**業務の効率**を高め（行うべきことを正しい方法で行う），業務の**有効性**を確保し（行うべきことを行う），**内外への報告の信頼性や透明性**を確保し（正しい情報を適時に内外に伝達する），**法令遵守**を徹底し（法令のみならず，社会規範から経営理念，社内ルールが守られていることが確認されていることを含む），さらに目標達成に影響を与えるリスク（可能性）を適時に認識し，適切な指標等の動向や兆候から必要な是正措置を講じて，目標達成の実現可能性を高めることが，内部統制の究極の目的なのです。

　そこで，経営上の課題に対処すべく，まず，企業集団として取り組むべき全社レベルの内部統制の方針設定，つまり，どのように，どこまで，誰が内部統制を構築，推進するのか役割分担を明示した指針が必要になります。

　企業によっては，内部統制憲章というような形で制定しているところ

もあります。このような**全社レベルの内部統制**の方針を受けて，各業務に具体的に展開する仕組みとしての**業務レベルの内部統制**を構築していくことになります。これによって，全社目標が，より具体的な部門目標・業務目標と業務活動につながり，トップの思いが組織の隅々まで浸透していくことになります。

　リスクとは，ここでは戦略の策定や遂行，目標の達成に影響を与える「可能性」としていますが，可能性ですので，影響の大小のみならず，プラスに働く場合もあればマイナスに働く場合もあり，さらにアップサイド・ダウンサイドの両面，つまり機会でもあり脅威にもなりうるということです。内部統制は，目標の達成にプラス・マイナスの影響を与えるリスクの双方に関連して機能するということになります。

　そこで，目標達成を目指して業務を遂行する上でプラスでもマイナスでも「可能性」をしっかりと特定して，そのような影響要因の発生を経営層が想定する範囲に収まるように，可能性を低減する必要があります。

　例えば，M&Aにおいて，期待されるシナジー効果を上げるために，M&A成立後の統合プロセス（Post Merger Integration：PMI）を成功させるべく，様々な工夫をしていくことになります。その工夫や仕組みは，M&Aを成功させるための「こうなってほしい」あるいは「こうなりたい」というプラスサイドの可能性に対する打ち手であり，その打ち手が内部統制ということになります。

　一方で，のれんの減損など「起こっては困ること」も洗い出して，その発現を抑えることも内部統制の役割であることは言うまでもありません。つまり，ここではプラスサイドとマイナスサイドの可能性（リスク）を一定の範囲内に，M&Aで期待される成果を収めていくことが内部統制の機能ということになります。

　このように戦略や方針の達成を成功に導くためには，必要にして十分な内部統制を整備・運用していくことが不可欠となるのです。したがって，戦略や事業目標を落とし込んだ業務目標や部門目標の達成に向けて，会社に属するすべての役職員が，内部統制の整備と運用にそれぞれの責

任を持って対処し，全社レベルの方針に従って，それぞれが主体的に整備・運用しなければなりません。

　図表1-3に内部統制の全体像を示しています。

（2）全社レベルの内部統制〜共通言語

　全社レベルの内部統制の基本ですが，それは，すでに「03. 経営理念，戦略と内部統制」でお話をしました「企業の姿勢」や理念を，基本方針や業務に組み込んでいくことにあります。内部統制を全社的に有効に機能させるには，「企業の姿勢」，つまり"魂"が基本となります。何が大切かというメッセージをしっかりと組織の隅々まで1人ひとりの魂に響かせることが大切なのです。

　「企業の姿勢」とは，トップの姿勢（Tone at the Top）のもとで，取締役会や，執行役員，監査役等，管理者，現場の皆さんそれぞれの姿勢や思いが合わさった複合的なものです。激変する環境下では，それぞれの姿勢や思いは必ずしも同じではないことから，企業の姿勢を組織の隅々

図表 1-3　内部統制の全体像

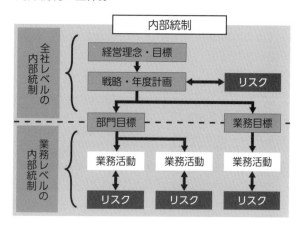

まで反映させるには，まず経営層，中間管理層，社員・職員との間でトーンを合わせていくことが大切であることはすでに述べたとおりですが，そのトーンを合わせるには，**「内部統制の共通言語」**を構築し浸透させることが有効な対応策となります。

「内部統制の共通言語」とは，トップの姿勢である企業の姿勢や理念，内部統制の目的・方針・役割や，リスクの特定・評価・対応方法，コミュニケーションの仕方，モニタリング方針などの総称です。つまり，組織の約束事です。企業の強さ，競争力は，形式知あるいは暗黙知として，この共通言語がいかに浸透しているかにかかっていると言っても過言ではありません。

通常，意思決定事項の伝達方式は，上意下達のトップダウンに加え，ボトムアップによる意見の吸い上げが重要と言われていますが，内部統制を浸透させる秘訣は，これらに加え，さらに組織横断的な横の情報連携も活発化させる，いわゆるマトリックス型のコミュニケーションを深化させることが効果的です。

グローバルな環境下で不確実性が急速に高まる中，「縦の関係」のみで効果的な意思決定をするには限界があり，全体的な戦略遂行においては，事業部門や機能部門間において適時のコミュニケーションやナレッジの共有，さらに会社全体としての優先事項を的確に絞り込む仕組み，つまり「横の関係」が重要になります。最終的にはトップの判断を仰ぐとしても，経営層の間においては相応の合意形成がなされる必要があり，その重要性もますます高まってきています。これが，グループを通しての，組織上のガバナンスの強化につながることになります。

（3）業務レベルの内部統制

次に，業務レベルの内部統制ですが，その基本は，**予防**と**発見・回復**にあります。全社レベルの内部統制の方針を受けて，業務レベルに展開された内部統制は，まず，「起きたら困ることを起こさないための予防的な機能・手続き」ということになります。例えば，売上を上げても，

債権を回収できなければ売り上げたことにはなりません。そこで，回収可能性を加味して与信状況を意識した取引を行うことが業務レベルの内部統制ということになります。

さらに言うならば，「困ったことが起こった際には，速やかに発見し，正常に戻すための機能・手続き」ということになります。この予防と発見・回復の機能や手続きをグローバルにグループ組織の隅々にまで，必要な範囲において，言い換えれば，重要なリスクに対応して，効果的かつ効率的にビルトインすることが大切となってきます。先ほどの売上の例では，売掛金の回収状況を常にチェックし，回収が遅れそうであれば得意先の状況を把握し，万が一，貸倒れとなれば債権回収に必要な保全策やアクションを事前に速やかに起こすことになります。

このような業務レベルの内部統制の基盤を継続的に維持・改善することにより，目標の達成において，経営者の想定，例えば，先ほどの売上のケースではある程度の貸倒率を想定することもありましょうし，その想定の範囲内で，常に目標を達成していけるという可能性を大いに高めることになるわけです。これを，過去の経験値などをベースにした通常想定される範囲内で，目標の達成を確かなものにするという意味で，「**内部統制が提供する合理的保証**」と表現することがあります。

この合理的保証があらゆる業務プロセスにおいて，経営者に提供されることが戦略実現への可能性を高めることになるのです。合理的保証の状況を見ていくには，アシュアランス・マップというツールを通して，全社または一部のプロセスでの保証状況を評価することが1つの有効な方策となります。後章で詳しく説明します。

図表1-4のパイプラインが業務の流れと考えてください。パイプラインの太さが，経営者が設定する許容範囲であったり，閾値であったりということになります。このパイプラインの中に，業務の流れを通していくことが内部統制の役目であり，パイプラインから外れようとするものを発見して，元どおりに回復させる役割も持っているのです。

図表 1-4　業務レベルの内部統制の基本は，"予防と発見"

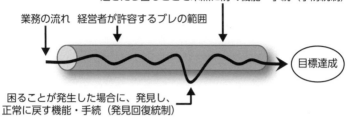

起きたら困ることを未然に防ぐ機能・手続（予防統制）

業務の流れ　経営者が許容するブレの範囲

目標達成

困ることが発生した場合に、発見し、
正常に戻す機能・手続（発見回復統制）

第1章のまとめ

そもそも内部統制とは何か，第1章のまとめを以下に整理します。

まずは，全社レベルの観点からです。

1. 内部統制において最も大切な要素とは，**経営理念，トップの姿勢，企業の姿勢**です。

2. 内部統制はよく，**守りの経営**，例えば，企業価値の毀損を防ぎ，法令遵守を徹底する等の分野で語られますが，実は，**攻めの経営**，つまり企業価値向上や，戦略の達成において有効に機能する仕組みなのです。内部統制は，短期のみならず中長期経営計画，さらに持続的成長を支える重要な要素なのです。

3. 内部統制は，まず**自律的要請**に応え，続いてその中に，法規制などの**他律的要請**を取り込むことが，その実効性・有効性を高めます。

4. 内部統制の整備・運用・評価・改善の方針は，どこまでやるべきかがポイントであり，ここに**経営層からの明確な指示**が不可欠となります。

次に，業務レベルの観点から整理します。

1. 内部統制は，適時適切な意思決定の際に必要な情報を提供し，経営層の的確な**意思決定をサポート**する仕組みです。

2. 内部統制は，組織の風通しを良くして，円滑なコミュニケーションを推進する際の**共通言語**として機能します。

3. 平時においては，**業務効率**を継続的に改善する仕組みとして機能します。

4. 緊急時あるいは有事には，**適時・的確な事態の把握と報告，必要にして十分な対策**を施す仕組みを提供します。

5. **内外の環境変化のモニタリング**を通して見える**新たなリスク**に対する有効な対応策を提供します。

内部統制は，組織における約束事であり，**組織や企業を支える共通言語**であると言えます。

第2章

会社法における
内部統制システムとは

はじめに

　最近では，日本のみならず，地球規模でかつて経験したことのないような異常気象に脅かされています。環境のみならず，地政学的にも，社会的にも，経済的にも世界情勢における不確実性がますます高まるとの懸念が示されています。このような不確実性に対して，従来，暗黙知であったものを言葉や文書で形式知化し，ルール化する中で，ここまではきちんとやらないといけないのではないかという新たな共通認識を関係者が持ち始めなければならない状況が増えてきています。形式知化する際に，ある一定程度のことが確実になされることが期待できる内部統制という仕組みに着目し，これを法制化する傾向がますます高まるのは，けだし自然な流れではないかと思われます。

　内部統制に係る法制度については，会社法，金融商品取引法に続いて，近時においては，2017年6月に地方自治法等の一部を改正する法律が成立し，地方公共団体に対して，2020年から内部統制制度が導入されることになりました。この内部統制制度は，地方公共団体の長が内部統制に関する方針を定め，これに基づき必要な体制を整備し，その体制について評価した報告書を作成し，監査委員の意見を付して議会に提出し，公表するというものです。これは少子化など外部環境の変化に加え，内部的には拡大する事務処理リスクに新たに対処する必要があることなどが背景にあるとされています。このように，今や地方公共団体においても内部統制の整備・運用および評価に関する法制化が進んでいます。

　会社法の内部統制システムなど，法制化された内部統制を検討する際に，「最低限，何をすればいいのですか」という質問をよく受けます。お気持ちはよくわかるのですが，これではどうしても形式的な対応になり，せっかくの取組みが長続きせず，場合によっては法の趣旨に添わない対応となり，貴重な経営資源の浪費につながりかねません。

　このような状況を避けるためには，法制度の目的，背景，関連する外

部・内部の環境変化，企業や組織が対応すべき課題などをよく検討することが大切です。その上で，企業あるいは組織それぞれの理念や目的を達成するために，実質的にどのような仕組み（内部統制）のもとで，どこまで対応すればいいのか，それぞれの状況に照らし合わせてよく吟味し，最も効果的かつ効率的な対応方法を検討することが重要です。

　なお，よく見かけるテンプレートやチェックリストなどを使った対応を近道として，いきなり杓子定規に対処を始めることは大変危険です。自社にフィットするチェックリストか否か，あるいは実質的にどこまでできているかを見極めることなく対処を始めてしまい，かえって無駄な時間とコストをかけてしまったケースをよく見かけてきました。

　第1章では，内部統制に関する基本的な考え方を紹介しました。そこでは，「内部統制とは，企業の理念や組織の目的，戦略，目標などを達成するために，企業や組織のトップを含む構成員が守るべき組織風土，価値，ミッション，ルールや仕組み」という定義を示しました。この考え方を念頭に置いて，法制化された内部統制の中で，まず，会社法制が規定する「内部統制システム」について，その特徴と留意点を整理します。

01 会社法制と内部統制

（1）きっかけ

　わが国において，内部統制に係る法制度が明示的に整備されたのは，今世紀に入ってからです。その1つのきっかけは1995年に発覚した大和銀行株主代表訴訟事件でした。2000年9月に大阪地裁で判決が示され，そこでは経営者の内部統制システム構築責任について幾度も言及され，内部統制に係る取締役，監査役の法的責任が提起されたのです。

　そもそも，会社と取締役および監査役は民法に規定される委任関係にあることから，取締役は会社の業務執行に当たる受任者として，また，

監査役は監査の執行に際して，会社に対してそれぞれ善管注意義務を負っています。したがって，この善管注意義務を果たすため，取締役は，業務執行に当たり，法令や定款違反を予防し，明示はされていないものの，会社の目的を実現すべく，必要な組織，仕組みやルール，つまり内部統制を整備し運用してきているものと想定されていたわけです。

しかし，この判決において，内部統制システムの構築義務は経営者の善管注意義務の一部を構成するものと明示し，取締役は具体的な内部統制システムを構築し，監査役は取締役による内部統制システムへの対処の状況を監査する責任があると判示されたことから，内部統制が一躍注目を集めることになったわけです。ここにも，環境変化から，暗黙知が形式知化された一例を見ることができます。

（2）2002年の商法改正と内部統制システム

その後，2002年の商法改正では，株式会社の経営管理の体制に関しては1950年以来，約半世紀ぶりの大改正が行われます。これは，大和銀行事件などを契機として，企業経営における透明性の改善や説明責任の在り方などが議論の俎上に載せられるとともに，当時は，バブル崩壊後のいわゆる失われた10年を経て，間接金融から直接金融への流れや，株式持ち合いの見直し，情報テクノロジーの進展，コーポレートガバナンスの見直しを迫る資本市場のグローバル化の潮流なども背景にありました。

さらに，2002年の商法特例法の改正では，委員会等設置会社制度が新設され，機関設計を選択することが可能となります。この委員会等設置会社で，内部統制システムの構築に関して取締役会による決議が初めて定められることになります。

内部統制システムの規定が委員会等設置会社のみに設けられた理由としては，委員会等設置会社が大規模企業であることや，監査役会の常勤監査役に相当する常勤者が監査委員会には義務付けられていないこと，監査委員の調査権限等に関してもいわゆる独任制が取られていない等の理由から，監査委員会は内部統制システムを前提として，組織的な監査

を行うことが想定されていることなどが挙げられます。これは、内部統制システムの構築が、取締役会による経営基本方針の具体化あるいは明確化に加え、監査委員会による監査の実効性を高める上で必要なものとして義務付けられたものでもあるということが言えます。

一方、当時は、大多数の企業で採用されている監査役設置会社においては、内部統制システムの構築は、取締役の善管注意義務の一内容として整理すれば足りるとされていました。ただ、監査役設置会社において、内部統制システムの構築決議に係る義務は示されなかったものの、そもそも、内部統制システムは、会社の状況に応じて構築されるべきもので、取締役の職務執行に係る監査を容易にさせるべきものでもあります。

そうであれば、会社が営利目的で設立され、健全な経営と持続的な成長が期待される限り、機関設計の違いによって、必要な内部統制システムが異なっていてもいいということにはなりません。この点は、2005年に制定される会社法においてより明確になっていきます。

02 2003年の商法施行規則改正の特徴

では、委員会等設置会社の取締役会において、内部統制システムに関し何を決議するのかということですが、それは、「執行役の職務の執行が法令及び定款に適合し、かつ効率的に行われることを確保するための体制」（2003年の改正商法施行規則第193条）ということになります。

これは**適合性**と**効率性**に触れたもので、現在の会社法が規定する内部統制システムの原点とも言えます。同条では、さらにこの体制の具体的な内容として、監査委員会の職務を**補助すべき使用人**に関する事項や、その**使用人の執行役からの独立性の確保**、**監査委員会に対する報告**に関する事項、**情報の保存**、さらに**損失の危険の管理**に関する規定などが明示されました。監査委員会と執行役との間の情報の非対称性の排除や、損失の危険の管理というリスク管理体制の強化などが示されたのです。

この決議内容に関していくつか特徴的な項目を取り上げてみます。

　まず，法令や定款への適合性のみならず，効率性に触れられていること，つまり受け入れたリスクに相応の成果や利益を確保することが明示されました。

　適合性とは，法令や定款に基づいて，行うべきことを行うことであり，効率性とは行うべきことを正しい方法で行うことです。従来，法令・定款への適合性を規制の基盤としていたところ，効率性にまで踏み込まざるを得ないほど，失われた10年と言われる長引く不況の下，低迷する企業の競争力への強い危機感の表れとも言えます。

　そこでは，競争力向上のため，迅速な意思決定と戦略のスムースな実行を可能とする体制が必要ではないかということから，代表執行役に権限を集中する一方で，その牽制として，取締役会の監督機能が機能するよう，社外取締役が過半数を占める指名，監査，報酬の３つの委員会制度が導入されることになったのです。この改正は，いわゆる経営の効率性の検証機能を社内で確立し，適切な内部統制システムを切り札とする，企業業績向上を図るための改正であったと考えることができます。

　次に，監査委員会の職務を補助すべき使用人の人事異動・評価等については，監査機能の大前提の１つである**独立性の確保**に焦点を当て，使用人に関する事項を通常業務の一部としてではなく，取締役会の決議事項としたものと言えます。

　また，執行役には，会社に著しい損害を及ぼすおそれのある事実を発見したときは**監査委員に対する報告義務**が課されていますが（商法特例法第21条の14第５項），この有事における報告に加えて，平時の経営管理における重要事項の状況などに関して，執行役の職務執行に関する報告基準を定めることなども必要となります。また，損失の危険とは，まさに，組織や会社に負のインパクトを与えるものですが，災害や不祥事などが発生すれば損失のみが発生するケースだけではなく，選択した戦略の失敗からもたらされる損失についても注意する必要があります。

03 会社法における内部統制

（1）会社法制定の背景

　内部統制システムの構築に係る決議を大会社に義務付ける現在の会社法は，2005年に制定されたものですが，これはそれまでの「商法第二編会社」，「株式会社の監査等に関する商法の特例に関する法律」（商法特例法），「有限会社法」の3つの法律を「会社法」として整理し，規制緩和やグローバル化といった経営環境や国際情勢の変化に柔軟に対応できるよう，時代に即した新たな法律として制定されたものと言えます。

　したがって，2005年の制定では，会社経営の機動性や柔軟性の向上といった観点から，組織再編行為を見直し，取締役の責任に関する規定については，委員会設置会社とそれ以外の会社との調整が図られます。会社経営の健全性の観点からは，株主代表訴訟制度の合理化なども盛り込まれ，委員会設置会社以外の多くの大会社においても，いよいよ内部統制システムの構築が事実上義務付けられることになっていきます。

（2）取締役会設置会社への内部統制システムの適用

　会社法においては，委員会設置会社以外の取締役会設置会社における取締役会の権限等について，「重要な財産の処分及び譲受け，多額の借財」（第362条4項）など，重要な業務執行の決定に係る取締役会の専決事項を例示列挙しています。そして，「取締役の職務の執行が法令及び定款に適合することを確保するための体制その他株式会社の業務の適正を確保するために必要なものとして法務省令で定める体制の整備」（同項6号）が挙げられ，これによりまさに内部統制システムが委員会設置会社以外の取締役会設置会社にも拡大することになっていくわけです。

　これは既出の商法特例法にある表現と比較して，会社法では，内部統制システムの考え方を，**「業務の適正を確保するため」**等の表現を通して，よりわかりやすく表現しようとしていることがうかがえます。また，会

社法では，大会社である取締役会設置会社にあっては，その決議を義務付け（第362条5項），内部統制システムの構築の決定は取締役会の専決事項とし，さらに，この決議を義務付けられた大会社に加え，任意に導入する会社においても取締役会で決定するものとされました。

（3）委員会設置会社と内部統制システム

　委員会設置会社においては，会社法は取締役会が決定しなければならない事項（第416条3項）として，「執行役の職務の執行が法令及び定款に適合することを確保するための体制その他株式会社の業務の適正を確保するために必要なものとして法務省令で定める体制の整備」（会社法第416条1項1号ホ）を挙げています。

　これは執行役の職務執行の監督に言及したものですが，委員会設置会社の取締役会は，執行役のみならず広く取締役の職務執行をも監督することから，商法特例法の規定に倣い，「監査委員会の職務の遂行のために必要なものとして法務省令で定める事項」（会社法第416条1項1号ロ）を規定し，会社法における委員会設置会社の内部統制システムは，会社法第416条1項1号のロおよびホの2つを根拠として構築されるのです。つまり，**監査機能のためだけの内部統制システムではなく，経営機能の執行のための内部統制システムでもある**ことが明示されたのです。

（4）会社法施行規則

　法務省令で定める体制の整備に関しては，会社法施行規則は，次のような体制を定めています。すなわち，会社法本則（会社法第348条3項4号，第362条4項6号，第416条1項1号ホ）にある①取締役または執行役の職務の執行が法令および定款に適合することを確保するための体制に加え，②情報の保存および管理，③損失の危険の管理，④職務執行における効率性の確保，⑤使用人の職務執行の適合性の確保，⑥企業集団における業務の適正性の確保，のための体制という6項目になります（会社法施行規則第98条1項，第100条1項，第112条2項）。

　また，会社法施行規則では，監査役設置会社に対する監査役の監査体制の整備についても規定を定めており，①補助使用人に関する事項，②使用人の独立性の確保，③取締役および使用人による監査役への報告体制，④監査役監査の実効性の確保するための体制が明示されました（会社法施行規則100条3項）。

　会社の機関設計の違いにかかわらず，監査体制における機能強化は同様の形で整えられることになったと言えます。

コラム②　内部統制システムの構築と運用

　内部統制システムについては，「構築」という言葉が多く使われています。構築とは組み立てて作ることですので，作ればそれだけでいいという意味では決してなかったと思いますが，作れば作ったものは守られるという認識が前提にあったのではないかと感じます。

　金融商品取引法の内部統制報告制度においては，内部統制の整備・運用・評価という言葉が使われ，これに慣れてきていた人にとっては，構築に関する決議という表現に多少の違和感を持っていたのではないかと思われます。つまり，作るだけでいいのですかという疑問というか，違和感を覚えたのです。

　そこで，2012年の「会社法制の見直しに関する要綱」において，株式会社の業務の適正を確保するために必要な体制について，その**運用状況の概要**も事業報告の内容に追加するものとするとあり，その後の改正会社法施行規則第118条2号でそのことが明示され，なるほどと合点がいくと感じた人も多くいたのではないかと思われます。

　これは，もちろん，内部統制システムを作ったのであれば当然しっかりと運用し，さらに会社法では明示的には義務付けられていないものの，運用されていることが評価・確認されなければ画竜点睛を欠くことになりかねません。構築すれば運用もするであろうということをあえて明示しないといけなくなったことは，単に法律間での言葉の統一という意味のみならず，冒頭で触れた従来，暗黙知であったものを明示的に示さざるを得なくなった1つの事例ではないかと思われます。

（5）会社法における内部統制システムの意義

　会社法における内部統制システムは，取締役または執行役の職務の執行が法令および定款に適合し，株式会社の業務の適正を確保するための仕組みであるとともに，一方で，監査役または監査委員による監査の実効性や独立性にも配慮した上で，取締役や執行役の職務の執行の効率性にまで言及しています。こうしたことに鑑みると，内部統制の根源的な意義にかなり踏み込んだ規定となっているのです。

　つまり，会社の目的の実現をどう図り，どのような仕組みを構築，運用し，いかに経営効率を確保していくかについては，経営陣に広い裁量が与えられていると考えられることから，戦略実現に向けて，効果的かつ効率的な内部統制システムの品質に関しては，取締役会，執行経営陣，監査委員や監査役には大きな責任があるということになります。

04 ： 会社法の改正

（1）会社法改正の背景

　会社法は2015年に，制定以来の大きな改正が行われます。主な背景としては，日本企業の競争力低迷の主な原因がコーポレートガバナンスに弱点があるのではないかという内外の投資家の懸念が広がったり，社外取締役の更なる活用などが期待されていたり，さらにグローバルなグループ経営の一層の効率化が模索される中，内外におけるグループ企業の不祥事など子会社に対する親会社の在り方への懸念が示されていたことなどがあります。

　そこで，この改正では，コーポレートガバナンスの強化や親子会社に関する規律の整備などが中心であったことから，内部統制システムにも少なからぬ影響を与えることになります。

　コーポレートガバナンスに関するものとしては，①監査等委員会設置会社の新設，②監査役（会）設置会社が社外取締役を置かない場合，株主

総会で「社外取締役を置くことが相当でない理由」の説明義務の新設，③会計監査人の独立性強化（会計監査人の選解任等の議案内容の決定権を「取締役又は取締役会」から「監査役又は監査役会」に付与）などがあります。

　また，親子会社に関する規律の整備に関するものとしては，①多重代表訴訟制度の新設，②グループ内の内部統制システムに関する一部の規定を会社法施行規則から会社法の規定への移行などがあります。

　つまり，この改正による内部統制システムへの主な影響は，**企業集団の内部統制，監査役監査の強化，内部統制システムの運用状況の概要を事業報告へ記載**することが挙げられます。

（2）企業集団の内部統制システム

　まず，企業集団の内部統制システムの整備ですが，これまで法務省令で，「当該株式会社並びにその親会社及び子会社から成る企業集団における業務の適正を確保するための体制」の整備が求められていたもの（会社法施行規則第98条1項5号，第100条1項5号，第112条2項5号）が，会社法に"格上げ"されます。

　すなわち，取締役または執行役の「職務の執行が法令及び定款に適合することを確保するための体制その他株式会社の業務並びに当該株式会社及びその子会社から成る企業集団の業務の適正を確保するために必要なものとして法務省令で定める体制の整備」となったのです（会社法第348条3項4号，第362条4項6号，第416条1項1号ホ）。

　これは，持株会社形態が進展する中，**親会社の取締役が子会社取締役の職務執行を管理あるいは監視する責任を強化**すべきとする文脈の中での改正となったものと言えます。なお，この移行の過程で，会社法本体では，親会社という言葉がなくなっていますが，これは当該株式会社の株主の保護という観点に焦点を当てたものと理解できます。

　これを受けて，会社法施行規則では，「企業集団における業務の適正を確保するための体制」として，①子会社の取締役等の職務執行に係る

報告，②子会社の損失の危険の管理，③子会社の取締役等の職務の執行の効率性，④子会社の取締役等および使用人の職務執行の法令および定款への適合性確保のための体制が例示されています（第98条１項５号イ〜ニ，第100条１項５号イ〜ニ，第112条２項５号イ〜ニ）。

日本企業の海外子会社に対する組織内のガバナンスの在り方として，従来，現地に経営を任せるという比較的，遠心力を効かせたケースが多く見られたものの，最近では求心力とのバランスを図るケースも増えてきています。この**遠心力と求心力のバランス**がうまく取れないことから，業績が思うように伸びず，あるいは資産の減損リスクや不祥事などの問題につながっているケースも決して少なくありません。企業集団における内部統制システムは，日本企業の親会社として継続的な取組みが必要な最重要なテーマの１つと言えます。

（3）監査役監査の強化

次に，監査役監査を支える体制や監査役への報告に対する体制の整備を求めた点ですが，具体的には，従来，会社法施行規則第100条３項で，①補助使用人，②補助使用人の独立性，③取締役等からの監査役への報告，④監査の実効性確保について決議することとされていました。この施行規則の改正では，これらに加えて，⑤当該使用人に対する指示の実効性の確保，⑥子会社の取締役等から監査役に報告するための体制，⑦報告をした者が不利な扱いを受けないための体制，⑧監査役の職務の執行に係る費用や債務の処理に係る方針についても決議の対象となりました。

これらに対応するには，例えば，補助使用人の監査役監査への同行，主要な会議への参加や，グループ経営状況に関して，監査役への報告範囲や方法，体制を明確にすることが必要となります。さらに，**内部通報制度の拡充**なども有効策として考えられますが，就業規則などに通報による不利益を受けない旨や，不利益処分を禁止する旨を規定することも重要でしょう。また，監査役の監査費用の処理に係る方針については，

予算処置などに関する規定を検討することも必要となります。

（4）運用状況の記載

　最後に，すでに触れました運用状況の記載の件ですが，これまでは，内部統制に係る決定や決議を通して，その整備状況を示すことで足りるとされてきましたが，この改正により，ある程度，具体的な運用状況として，例えば内部統制委員会の開催状況などを記載することが求められることになります。ただ，金融商品取引法の財務報告に係る内部統制報告制度にあるような運用状況の評価や企業集団における運用状況の記載までは明示されていませんが，そうした評価や企業集団をベースにした内部統制システム全般のPDCA（Plan, Do, Check, Action）の状況などを記載することも会社の選択肢にあるものと考えられます。

第2章のまとめ

　会社法制における内部統制については，以下が主なポイントになります。

1. バブル崩壊以降，日本経済が低迷を続ける一方，様々な不祥事が発生し，企業集団グループ経営を念頭に，規律の回復とコーポレートガバナンスの見直しによる**執行経営陣への適切な監督機能の強化**が必要とされ，会社法制の改革が急務となっていました。その一環として，内部統制システムの**暗黙知から形式知への転換**が図られ，明示的な法制化が進みました。

2. 会社法制上は，内部統制という言葉は出てきません。「業務の適正を確保するために必要な体制」という言葉があるだけですが，内部統制に係る事項は，**取締役会の専決事項**であり，大会社には，内部統制に係る決議を義務付けています。この決議は整備方針に係るものであり，詳細な内容を決議する義務はありませんが，現在，**整備状況**に加え，**運用状況**の開示も明示的に要請されたことから，相応の全社的な枠組みの構築が必要となります。

3. 取締役，執行役は企業価値向上を目指す上で**必要な意思決定**を行い，業務を**効率的**に推進し，監査役等は取締役，執行役の業務執行を適切に**監視監督**することになります。それぞれの目的を達成する上で，内部統制システムは根幹であり基盤となります。会社法制における**内部統制システムは善管注意義務そのもの**と言えます。

4. **監査役（会）設置会社**，**監査等委員会設置会社**，**指名委員会等設置会社**のいずれにとっても，**内部統制システムの根源的意義に差はありません**。ただ，会社それぞれで事業内容や生い立ち，歴史，社風が異なりますので，内部統制システムも千差万別であり，各社に**それぞれの創意工夫**が求められることは言うまでもありません。

第3章

金融商品取引法の財務報告に係る内部統制報告制度（J-SOX）とは

00 ： はじめに

　2008年4月1日以降開始事業年度より，すべての上場会社が対象となった金融商品取引法の**財務報告**に係る**内部統制報告制度**，いわゆるJ-SOXがスタートして10年以上が経過しました。内部統制報告制度とは，上場会社の財務報告に関して，不正（意図が存在）または誤謬（意図はない）による重要な虚偽記載がないことを**合理的に（絶対的にではなく）保証**する仕組み，つまり**内部統制が有効に機能**しているかどうか，**開示すべき重要な不備**がないかどうかを経営者に報告を求めるものです。

　この制度の本質は，財務報告における虚偽表示リスクに対して，企業の財務報告を利用し，あるいは根拠として様々な判断や意思決定を行う，投資家，取引先，金融機関，行政機関等のステークホルダーに対し，企業の内部統制に関する**早期警戒システム**の役割を果たすことにあります。つまり，重要な不備があるとの開示は，現在，虚偽表示はないものの，今後，虚偽表示の可能性があり得るということを伝えるものなのです。

　当然，重要な不備を開示する企業としては，重要な不備の内容，その対応策を併せて開示し，速やかな是正を推進中とのメッセージを発信することになります。一方で，重要な不備の開示そのものが，あたかも虚偽表示があったかのごとく受け止められる懸念もあります。しかし，開示自体は，本来的に決して否定的なことではありません。開示企業として，現在の不備を自らしっかり認識し，速やかな改善を進めていることを開示することで，むしろ企業の真摯な姿勢を積極的に示すことにつながります。一方，財務報告の利用者側としても，その開示内容を冷静に受け止め，その後の推移を見守ることが大切です。

　今や，激変する経営環境の中で，新たなビジネスモデルに挑戦したり，M&A等により異なる文化や背景を持つ大規模な企業をグループに取り込んだり，あるいは，異業種からの参入という計り知れない挑戦を受けたり，さらにはデジタル化の進展など，かつて経験したことのない機会

や脅威が企業を待ち受けています。あらゆるリスクに対して，戦略的対応に加え，財務および非財務報告を含め，必要かつ十分な内部統制が全社的にたやすく整備されるとは想定できない事態もあるでしょう。

　そのような環境の中で，重要な不備の開示は，ある意味，ソクラテスの「無知の知」のように，虚偽表示が起こるかもしれないという事前警告メッセージとして，知らないことを知っているということを示すものであり，智者としての開示企業の姿勢や勇気が称えられるべきでしょう。

　米国におけるUS-SOX法施行（2004年）時においても，初めて重要な不備を開示した企業の株価はさほど下落していません。ただし，2年続けて重要な不備を開示した企業の株価は，初めて開示する企業の株価よりは下落幅が大きくなったとの報告もあります。開示とともに速やかな是正が大変重要であるという示唆と言えます。

　一方で，わが国では制度運用の開始以来，開示されてきた多くの重要な不備は，実は，過去に発生していた不正による虚偽表示が明らかとなり，判明した時点で重要な不備があったとして報告されてきたものです。

　これは，言わば"過去の過ち"を開示するもので，本来の"将来"に向けた早期警戒システムの役割を果たせていません。2014年から2017年の間で「開示すべき重要な不備」を開示した企業は161社であり，そのうちのなんと87社，約54％にのぼる企業が，過去の不正が明らかになったことを契機として重要な不備を開示しています（日本公認会計士協会，監査・保証実務委員会研究報告第32号「内部統制報告制度の運用の実効性の確保について」，2018年4月6日，以下，「研究報告第32号」）。

　制度開始以前あるいは以降においても，表面化していなかった不正による虚偽記載が最近になって明らかになった巨額の虚偽記載もあります。現在，J-SOXへの取組みが形骸化しているのではないかとの懸念が広がりつつありますが，そもそもの制度の趣旨を生かし，いかにこの制度の本来的な意義を徹底するかを改めて考える必要があると思います。

　以下，内部統制報告制度が制度化された背景と，そのキーワードを中心に話を進めていきます。

01 内部統制報告制度の概要と制度化のきっかけ

　内部統制報告制度は，2006年に証券取引法（2007年に金融商品取引法と改称）の改正が行われ，2008年4月1日より，金融商品取引所に上場している企業に対して，事業年度ごとに内部統制報告書を有価証券報告書と併せて内閣総理大臣に提出することを義務付けたものです（金融商品取引法第24条の4の4第1項）。

　さらに，第三者である公認会計士または監査法人に，経営者の報告内容が妥当であるかどうかに関して，監査証明を求めています（金融商品取引法第193条の2第2項）。なお，この第三者による監査証明は，現在，新規上場企業については，資本金100億円または負債総額1,000億円以上の企業を除き，上場後3年間は免除されています。

　この内部統制報告制度は，通称J-SOXと一般に呼称されていますが，これは2002年に成立した，同様の制度である米国のサーベインズ・オックスリー法（Sarbanes-Oxley Act：US-SOX）からきています。ただ，US-SOXにおいては，証券アナリストの利益相反や罰則規定などに関する規定も含まれており，カバーする範囲が異なっています。

　ただ，骨格としての，財務報告に係る内部統制の有効性に関する経営者の宣誓や確認，および第三者である公認会計士または監査法人による監査証明を受けるという点に関しては，米国ではダイレクト方式（監査人が内部統制の有効性に関して，直接，意見表明し，合理的な保証を提供する），またはわが国ではインダイレクト方式（経営者評価そのものに関して監査人が意見表明し，内部統制の有効性に関して間接的，かつ合理的な保証を提供する）の違いはありますが，実質的には同じ内容となっていると言えます。

　証券市場の信頼回復を目的としたこの制度がわが国において導入されるきっかけとなったのは，西武鉄道事件，カネボウ事件などです。

　2004年10月に，西武鉄道の大株主であるコクドが，保有する西武鉄道

の株を1,000人以上の個人名義にしていたことが明るみに出ました。東京証券取引所では，上場会社の上位10位までの大株主が保有する株式の合計が80％以上になると上場廃止とすると定めていますが，コクドを始めとする西武グループ10社が保有する西武鉄道の株は88％を超えていました。つまり，コクドは上場廃止を避ける手段として，40年以上にわたり，多くの株式を個人名義として，所有する自社株式の数を意図的に過小記載していたのです。虚偽記載の公表後，虚偽記載という不適切な情報開示と公益・投資者保護を理由に，同年12月，西武鉄道は上場廃止となり，経営幹部が証券取引法違反で罪に問われました。

　また，カネボウは，経営の多角化を進めるも業績不振が続き，2004年2月に産業再生機構に支援を要請しますが，その後，2000年から2004年までの5期にわたって総額2000億円以上の粉飾決算をしていたことが判明します。これは長年，債務超過であったにもかかわらず，一部の子会社の連結外し，在庫や投融資等の資産を過大に評価するなどの不正会計により大幅な黒字と見せかけた経営者主導による粉飾事件でした。さらに，監査を担当していた公認会計士のこの粉飾への関与も発覚します。その結果，カネボウは上場廃止になり，カネボウの元役員，および監査を担当していた公認会計士が，証券取引法違反で罪に問われたのです。

　これらの状況を踏まえ，特に西武鉄道事件で明らかになった有価証券報告書の株主の状況の虚偽記載に関連して，2004年11月，金融庁は「ディスクロージャー制度の信頼性確保に向けた対応」を公表し，全開示企業による自主的点検を要請したところ，4,543社のうち，なんと，652社が訂正報告書を提出し，総訂正件数が1,330件にのぼり，その3分の1弱が名義株を原因とする訂正と推定されたのです（東京証券取引所・日本公認会計士協会「東証・協会による共同プロジェクト中間報告」）。

　この異常とも思える回答状況等も踏まえ，金融庁は，続いて同年12月に「ディスクロージャー制度の信頼性確保に向けた対応（第二弾）」を公表し，いよいよ「財務報告に係る内部統制の有効性に関する経営者による評価と公認会計士等による監査」の検討を開始することになります。

その後，2005年1月の金融庁企業会計審議会総会で，「財務報告に係る内部統制の有効性に関する経営者による評価の基準及び公認会計士等による検証の基準の策定」について審議の開始が決定され，同年2月より内部統制部会で，「会社法制との整合性に留意しつつ，国際的にも説明可能で，かつ日本の実情にあった実効性のある基準のあり方」についての審議が進みます。同年12月には，「財務報告に係る内部統制の評価及び監査の基準のあり方について」（以下，**「内部統制基準」**）の基準案が示され，2006年6月には，投資家の保護，国内証券市場の正常化を図ることを最大の目的として，財務報告の適正性を確保するために，上場企業に対する内部統制の整備，評価の義務付けを含む，金融商品取引法が成立したのです。さらに，同年11月には，そのガイドラインとして，「財務報告に係る内部統制の評価及び監査に関する実施基準」（以下，**「実施基準」**）の公開草案が示され，2007年2月に最終化されます。

　その後，導入初期段階で，企業や監査人双方において，様々な誤解や，想定以上のコストが発生したことから，企業会計審議会は，2011年3月に「財務報告に係る内部統制の評価及び監査の基準並びに財務報告に係る内部統制の評価及び監査に関する実施基準の改訂について（意見書）」を公表し，主に，①監査人の監査手法に偏りすぎた対応から企業の創意工夫を生かした監査人の対応の確保，②リスクの高い分野へのより一層重点を置いた内部統制の効率的な運用手法を確立するための見直し，③それまでの「重要な欠陥」という用語を，その語感から受ける印象があまりにも強すぎるという懸念から，「開示すべき重要な不備」へ変更するなど，制度の実効性をより高める見直しが行われました。

　これらの見直しは，内部統制報告制度が，第三者である外部監査人の監査を新たに導入したことから来たものと思われる混乱，あるいは規模の大小にかかわらず全上場企業を対象としたことによるひずみの是正とも考えられるものでしたが，現在，制度の形骸化への懸念が根強くある中で，今後，改めて制度の見直しが必要になるものと思われます。

02 J-SOX対応で目指すゴールとは

　J-SOXにおいて企業が目指すゴールは，**財務報告に係る内部統制が有効であると表明できること**です。では，内部統制が有効であると表明するためには，何が必要となるでしょうか。それは，一言で言えば，「**開示すべき重要な不備**」がないということになります。

　そのため，経営者は，「開示すべき重要な不備」がなく，財務報告に係る内部統制が有効に機能していると報告するための根拠を，財務報告に係る内部統制の整備・運用・評価を通じて明らかにすることになります。「開示すべき重要な不備」とは，内部統制の不備のうち，一定の金額を上回る金額的に重要な虚偽記載，または質的に重要な虚偽記載を財務報告にもたらす可能性が高いものを言います。

　不備とは，財務報告における虚偽記載リスクを必要なレベルまで低減する内部統制が存在しない，または機能していないということです。つまり，内部統制の整備および運用上の不備のことです。**整備上の不備**とは，特定された財務報告における虚偽記載リスクに対応する必要な内部統制が設計されていないということです。**運用上の不備**とは，設計され導入された内部統制が実際には想定どおりに運用されていないということです。内部統制の有効性の評価は，これらの不備について，金額的な重要性と質的な重要性を総合的に勘案した上で，最終的に重要性の高い，「開示すべき重要な不備」となるかどうかを判断することになります。

　そこで，J-SOX対応は，具体的には，①財務報告に係る内部統制の対象範囲（事業拠点，業務プロセス，勘定科目等）の選定，②整備状況の把握と不備への対応是正，③運用状況の把握と不備への対応是正，④不備の集計および開示すべき重要な不備となるかどうか判断，という形で進められることになります。

　順を追って説明をしていきますが，まず，内部統制の基盤となる，内部統制に係る基本的枠組みについて簡単に整理します。

03 内部統制に係る基本的枠組み

（1）内部統制のフレームワーク

「内部統制基準」や「実施基準」の冒頭に「内部統制の基本的枠組み」が示されています。これは内部統制の基本的な考え方や枠組み，いわゆるフレームワークを明示したもので，米国において公表され，世界的にも認知されているトレッドウェイ委員会支援組織委員会（COSO）の内部統制フレームワークをベースにしています。

COSOとは，米国において多発した会計不正に対処すべく，1985年に組成された民間組織であり，1992年に「内部統制の統合的フレームワーク」（初版）を公表します。2002年，US-SOXが制度化された際に，米国証券取引委員会（SEC）は，財務報告に係る内部統制の有効性を経営者が評価する際には，パブリックコメント等のデュープロセスを経て，**一般に妥当（suitable）と認知された内部統制フレームワーク**を利用すべきであるとしたのです。

これはSECが，COSOの内部統制フレームワークを直接，特定したものではありませんが，同フレームワークがSECの定義にかなうものとして，米国においてはほとんどの企業がUS-SOX対応を初めて行う際に採用しました。COSOの内部統制フレームワークは2013年に改訂され，現時点においても，これを超える"suitable"なフレームワークはないと言われています。

なお，日本における創業100年以上の長寿企業の圧倒的な多さを考えると，日本には暗黙知としての日本的なフレームワークが存在するものと思われます。激変する環境下において，日本企業が更なる発展を遂げ，次の100年を生き残るには，この暗黙知を形式知化する必要があります。COSOの内部統制フレームワークについては，後章で詳述します。

J-SOXにおいては，この内部統制フレームワークを**「基本的枠組み」**と明示して，企業および監査人が参照することを促したものと言えます。

「基本的枠組み」においては，COSOの初版の内部統制フレームワークを参考として，内部統制とは，「基本的に，**業務の有効性及び効率性，財務報告の信頼性，事業活動に関わる法令等の遵守並びに資産の保全の4つの目的が達成**されているとの**合理的な保証**を得るために，業務に組み込まれ，組織内のすべての者によって遂行されるプロセスを言い，**統制環境，リスクの評価と対応，統制活動，情報と伝達，モニタリング（監視活動）及びIT（情報技術）への対応の6つの基本的要素**から構成される。」と定義しています。

　これらの「基本的枠組み」は，会社法における内部統制システムの構築における考え方とほぼ同様のものと考えられ，しっかりとした「基本的枠組み」を作り上げることは，取締役・執行役・監査役等の善管注意義務の履行にもつながります。

　以下に4つの目的と6つの基本的要素の留意点を整理します。

（2）4つの目的の相互連携

　4つの目的の1つに，財務報告の信頼性があり，これこそがJ-SOX対応の中心となります。ただ，他の3つの目的は関係ありませんというような表現をいまだによく見かけます。その結果，財務報告に関連する取引やプロセスにのみ焦点を当てた，J-SOXのための内部統制対応に奔走する姿をよく見かけます。ところが，この4つの目的をよく見てみると，組織の目的を達成する上で対応すべき項目を整理したものであり，どれが重要という選択の問題ではなく，それぞれがお互いに関連し合っていることを再認識すべきです。

　例えば，業務の有効性および効率性については，業務がどの程度有効で効率的か，その成果が決算数値に反映され財務報告の一部として開示されることになります。もし，ある業務の効率性が良くないのであれば，それはなすべき業務がコスト効果の高い正しい方法では行われていないことを意味します。そのような，そもそもコスト効果の低い業務プロセスに対して，経営者が財務報告に係る内部統制の評価を行い，

さらに外部監査人が監査を行うことになれば，それは，三重もの**"不効率の積み重ね"**となります。これはなんとしても避けなければばなりません。

　J-SOX対応コストが高いと考える前に，そもそも業務プロセスそのものが本当に効果的で効率的なのかを明確にし，もし課題があるのであれば，経営管理目的から，まず全社を挙げて適正レベルに是正すべきということになります。同様に，コンプライアンス対応については，なすべきことができているか，という業務の有効性がポイントになったり，また，資産の保全も有形固定資産については付保状況や防災対応などのコンプライアンスにも関連したり，さらに，のれんなどを含めて資産としての価値の減損が発生していないかどうかは，財務報告に大いに関連しているのです。

　このように4つの目的それぞれに関連する分野で，必要な情報やデータが相互に伝達，モニタリングされ，相互に関連し合っていることになります。また，最近のSDGｓやESG対応など，財務報告のみならず非財務情報なども含めて，今後の課題として，4つの目的の間で相互連携を再考すべき状況がないかどうか，お互い活用し合えるような補完的取組みがないかどうかなど，組織横断的に継続的な検討が一層望まれるところです。機能組織が強い縦割りとなっている状況では，組織横断的な検討に必要な情報共有がされず，"不効率の積み重ね"が発生していないか，経営者は注視する必要があります。

（3）6つの基本的要素の特性と統制環境

　6つの基本的要素においても，それぞれが相互に関連し合っているとの認識が必要です。基本的要素は，いわゆる内部統制のPDCAとも言えるもので，まず，統制環境において，会社の気風やトップの姿勢，方針を明示し，続いて，組織の目的の達成に影響を与えるリスク（可能性）を特定し，対応策を検討し，リスクに応じた統制活動を設計・運用し，その情報を適時に伝達し，モニタリングとITへの対応を通じて，4つ

の目的の達成を合理的に保証するという流れです。

　この流れは，財務報告に係る内部統制においても当然そのまま当てはまります。財務報告における虚偽記載の原因となる不正または誤謬の発生を，法の定める許容範囲に押しとどめるには，すなわち，重要な不備がない状態を作り出すには，第1章で強調した，トップの姿勢や企業の姿勢である統制環境がすべての要素に大変大きな影響を与えることになります。

　本章の冒頭で紹介した「研究報告第32号」の中での分析によると，2013年4月〜2017年3月までの4年間に報告された不正を原因とする開示すべき重要な不備の119件のうち，約半数に当たる58件が親会社および子会社の経営陣によって引き起こされたいわゆる**統制環境の不備**でした。経営陣が絡む不正は内部統制をたやすく無効化させ，重要な不備に直結します。

　具体的には，不正の疑いや損害が見込まれる事案について一部の取締役が把握していたものの取締役会で情報が共有されず，十分な議論がなされていなかった事例や，不正の疑いを取締役や監査役等が知り得たにもかかわらず，十分な調査を指示ないし実施しなかった事例もありました。また，役員のコンプライアンス意識の欠如，経営者からの業績達成へのプレッシャーから，子会社の経営者や部門長等によって不正な財務報告がなされている事例もありました。その他，内部通報制度の実効性不足，内部監査部門の機能不全，短期志向の不適切な業績管理などの事例もありました。

　親会社の経営陣の不正に対応するには，コーポレートガバナンスの実効性の強化，あるいは罰則の強化が，また，子会社経営陣の不正に対しては，グループ経営の観点から組織内のガバナンスの在り方を見直すことも必要な状況となっていると考えられます。

04 全社的な内部統制とは

　内部統制の整備・運用・評価の対象としては，①**全社的な内部統制**，②**決算・財務報告プロセスに係る内部統制**，③**業務プロセスに係る内部統制**，④**ITに係る内部統制**の4種類があります。

　まず，全社的な内部統制ですが，「実施基準」によると，これは「企業全体に広く影響を及ぼし，企業全体を対象とする内部統制」のことであり，具体的には，経営者の姿勢や社風，全社員向けに作った規定などが全社的な内部統制ということになります。したがって，全社的な内部統制が最も重要な内部統制ということができます。なぜなら，経営者が内部統制を無視したりすると，財務報告の有効性や信頼性は一瞬にして無に帰してしまうからです。

　全社的な内部統制の整備および評価については，6つの基本的要素を基にして，「実施基準」に例示されている42項目などを活用して行います。その評価の範囲としては，「実施基準」では，「全社的な内部統制については，原則として，すべての事業拠点について評価する」としていますが，僅少である事業拠点，例えば，売上高で全体の95％に入らないような連結子会社は対象から外すといった取扱いは一般的なものであると理解されています。ただ，質的に重要な子会社の場合は必ず含めるなど企業の工夫が求められるところです。

　J-SOX担当要員の在り方については，J-SOXが決算や財務報告に係る財務報告に焦点を当てているからということで，J-SOX担当は経理の知識があればいいということではなく，経営者の姿勢に対して，適宜，質問ができるレベルの人材を投入することも，J-SOXの品質を維持向上する上で重要な対応策となります。さらに，経営環境の変化により，ビジネスモデルの進化などが内部統制にどのような影響を与えるのか，将来の見通しを持ち，全社的な観点から，財務報告に係る内部統制の見直しが図れるような人材が内部統制担当部門に不可欠となってくるでしょう。

05 決算・財務報告プロセスに係る内部統制

　これは決算や財務報告のプロセスにおいて整備すべき内部統制のことで，全社的な観点から整備・評価するものと，その他の固有の業務プロセスとして整備・評価するものがあります。決算・財務報告プロセスは，J-SOXにおけるかなめ，あるいは最後の砦とも言えるプロセスであり，内部統制上，虚偽記載を予防・発見・阻止する上で大きな役割を果たします。外部監査人としても，統制環境に次いで重視する分野です。

　「研究報告第32号」の分析によると，2013年4月～2017年3月までの4年間に，東証一部上場企業より報告された開示すべき重要な不備の74件のうち，27件（34％）が決算・財務報告プロセスにおける不備でした。新たな会計基準や，新たなビジネス取引に係る決算・財務報告プロセス上の対応がますます困難となると思われるため，同プロセスに係る継続的な人材の育成等が不可欠となると思われます。

　特に，税効果会計，退職給付会計，金融商品会計，減損会計，企業結合会計などは，いずれも経営者の行う判断と見積りの妥当性が，大きく財務報告の信頼性に影響を及ぼします。例えば，繰延税金資産の回収可能性，減損会計におけるグルーピング，将来キャッシュ・フローの見積り，企業買収におけるのれんや無形資産の評価等は，いずれも経営者の判断と見積りが大きく介在するため，客観的な判断と見積りを行い，その過程と結果を適切に評価，開示できる仕組みを構築することが必要となります。

06 業務プロセスに係る内部統制

（1）特徴

　業務プロセスに係る内部統制は，販売や購買といった各種の業務の中に組み込まれ，業務と一体となって遂行される内部統制のことを言いま

す。このような業務上の個々のプロセスレベルにおけるリスクに対応する内部統制のことを，ここでは**コントロール**と呼ぶことにします。

例えば，ある支払に係る支払申請書を直接確認して支払承認を行うなどの手作業によるコントロール，発注書との自動照合により取引の妥当性を確認するなどのシステムコントロール，システムから提供された未払一覧表などのデータを基に人が必要な支払を判断するなどのシステムに依存した手作業によるコントロールがあります。

コントロールの信頼性確保を効率良く進めるには，手作業よりはシステムコントロールを多くし，さらに，第1章で内部統制の基本であるとお話ししました予防と発見については，発見コントロールより，予防コントロールを多くすることが効果的です。さらに，プロセスそのものの標準化（不効率の積み重ねの回避）や，モニタリング機能の強化が内部統制の品質向上の観点から大変重要と言えます。

（2）評価対象範囲の選定

業務プロセスに係る内部統制の評価は，重要性の観点から，評価対象とする**事業拠点**，および**勘定科目**や関連する業務プロセスの選定をまず行います。事業拠点の選定は，連結ベースの売上高等の一定の割合に達している事業拠点を評価の対象としますが，「実施基準」では，「概ね3分の2程度」とすることが考えられるとしています。ここで注意すべきは，事業拠点の選定では，全社的な内部統制が有効でなければ，財務報告の虚偽記載のリスクが増大するため，業務プロセスに係る内部統制の評価範囲を拡大する必要があるということです。

昨今，海外を含め，特に子会社における不祥事が目立っていますが，グローバルなグループガバナンスが脆弱なケースでは，つまり全社的な内部統制が有効ではないと考えられることもあるため，小規模の海外子会社でも評価対象として範囲に入れるべきではないかと思われるケースをよく見かけますので，注意が必要です。

次に，評価対象とすべき勘定科目ですが，「実施基準」では，一般的

な事業会社の場合，いわゆるJ-SOXの３勘定と言われる，売上，売掛金および棚卸資産に係る業務プロセスが評価対象になります。さらに，リスクの大きな取引を行う場合や，経営者による予測を伴う引当金，繰延税金や減損などに関連する勘定科目など，財務報告の虚偽記載が発生するリスクの高い項目についても評価対象とする必要があります。

　このような虚偽記載リスクの特定では，全社的な内部統制の状況や，企業が属する業種および各企業の固有の状況をよく判断し，虚偽記載というリスクがどこで起こり得るか，その源泉を業務プロセスの中で明らかにすることが大切です。つまりリスクの重要性に応じて，リスクの低減に有効なコントロールを設計し，運用・評価するといういわゆる**トップダウン・リスクアプローチ**が，最も効果的でありかつ効率的です。

（3）３点セット

　業務プロセスに係る内部統制の整備および運用・評価の際に用いられるいわゆる“３点セット”ですが，これは，①プロセスの業務記述書，②プロセスのフローチャート，および③特定されたリスクとコントロールを，リスクの発生源泉の観点から関連表で表したリスクコントロールマトリックス（RCM）のことを指しています。

　業務記述書は，業務の主な流れを言葉で記載したものですが，フローチャートは業務の流れを図で示したもので，さらに虚偽記載リスクがどこで発生する可能性があるか，および，そのリスクに対応するコントロールの存在を一覧化してわかりやすく示すために作成されるものです。

　RCMとは，虚偽記載リスクとそのリスクを低減させるためのコントロールの対応表のことで，いわゆる文書化作業の中でそのボリュームが通常最も大きくなりますので，作成方針などの事前準備が大切です。

　記載内容としては，例えば，業務内容（販売プロセス等），想定されるリスク（架空売上，期ずれ等），適切な財務情報を作成するための要件（実在性，網羅性等），リスクに対応する具体的なコントロール内容（取引先との契約書や関連証憑との突合等），コントロールのタイプ・頻

度（予防・発見，手作業・システム，主的・従的，月次・週次・日次，等），関連する6つの基本的要素（統制環境等），リスク評価結果（有効か否か，整備・運用状況等），改善状況，担当部署などがあり，各社の固有状況を考慮して作成する必要があります。

この3点セットは，一方で，コスト増の大きな理由の1つとしてもよく取り上げられますが，上記のトップダウン・リスクアプローチを推進するには大変役に立つものであり，ベネフィットがコストを通常上回ると考えられています。なお，3点セットは，すでに作成されている文書やフローチャートを最大限活用し，さらに企業の規模や事業の複雑性などを加味した工夫が不可欠であることは言うまでもありません。

（4）文書化のポイント

そもそも文書化すべきは財務報告に係るコントロールであって，業務プロセスではありません。

例えば，モノを販売する際に，よくある業務の流れとしては，審査登録された顧客からの注文書に従って，モノを出荷し，それが検収され，請求書を発行し，売上代金を回収するというのが一般的です。例えば，ここでの売上計上の時期が得意先でのモノの検収時だとすると，コントロールとは，この業務の流れの中で，検収されたもののみ（実在性）が，また検収されたものすべて（網羅性）が，正しい金額で，適切な期間において（期間配分の適切性），売上に計上されている（表示の妥当性）か，を示す手続きということになります。

この実在性や網羅性のような，整備・運用・評価すべき内部統制を構築する上での視点を，「実施基準」では，適切な財務情報を作成するための6つの要件（実在性，網羅性，権利と義務の帰属，評価の妥当性，期間配分の適切性，表示の妥当性で，一般に"アサーション"と表現されるもの）として示されています。

この要件を満たす業務プロセスがコントロールであり，文書化すべきはこのコントロールなのです。先ほどのケースでは，得意先からの検収

書に基づいて売上を計上する手続きがコントロールであり，さらに連番
管理などによって網羅性も確保されることになります。これらの要件を
コントロールごとに整理して俯瞰するには，3点セットは大変役に立つ
ツールとなるのです。

コラム③　デジタル化が進むJ-SOX

　最近では，プロセスマイニングという手法を活用して，企業内の様々な
業務システムに蓄積されているログ・データから業務プロセスモデルを逆
に自動生成し，事前に策定しておいた本来あるべき姿と比較検証してボト
ルネックを洗い出し，プロセスの改善に生かしていくやり方が，にわかに
脚光を浴びてきています。

　また，リスクの洗い出しにおいてもAI（人工知能）の活用が始まってお
り，3点セットにおいてもいよいよデジタル化が進んでいます。

（5）職務分掌の重要性

　内部統制を構築する上では，職務分掌が重要な役割を果たします。特
に統制活動いわゆるコントロールが適切に設計されても，そのコントロ
ールを実施するのは，どの組織の誰なのかという役割分担を検討する中
で，いわゆる職務分掌が重要なテーマとなります。

　職務分掌とは，不正または誤謬リスクを低減するため，職務を複数の
人間で分担または分離し，例えば，取引を承認する責任，取引を記録す
る責任および取引に関連した現金等の資産を扱う責任を分離することで
す。例えば，掛け売りの承認権限を持つ部長は，売掛金記録の作成また
は現金の受領に係る責任を兼務すべきではないということです。

　ただ，現実的には十分なリソースが確保されないことがよくあります。
そこではモニタリング機能を幅広く検討するなど，他の代替的手続や補
完的手続が効果的です。さらに，情報システムにおける権限設定におい

ても過剰に付与された権限が問題となっている事例もよく見かけます。業務の外部委託が一層進む中，現時点では問題が発生していないからということではなく，職務権限と組織を一覧で示すマトリックスの作成や，システム上のコンフリクトの抽出などにより，適宜是正することが喫緊の課題と言えます。

　誰が，何を担当するかは，組織設計におけるかなめの１つです。大切なことは，組織設計において職務分掌の考え方を内部統制にしっかりとビルトインしていく姿勢です。

07 ： ITに係る内部統制

　J-SOX導入後，事業環境の大きな変化に加え，ITにおける進歩も著しく，当初整備した内部統制では対応しきれない事態にも遭遇しています。J-SOXという制度対応をとにかく最優先した導入当初には十分検討しきれなかったケースや，あるいは過度に保守的に対応した仕組みが依然として残されたままになっているケースもいまだに見かける中，近年では，本来あるべき姿を再認識し，改めてJ-SOX対応の現状を見直し，会社法その他の取組みとの連携も含め，経営に資する内部統制の重要性が強調されています。また，最近，ロボティック・プロセス・オートメーション（RPA）など，ロボティクスの導入における新たなリスクに対応する内部統制も喫緊の課題になってきています。

　2014年〜2017年で，ITに係る内部統制を原因として「開示すべき重要な不備」を開示した企業は全16社であり，プログラムやマスター設定などの誤り，会計システムのみならず在庫など業務システムへの虚偽データ入力や，入力済みのデータを事後的に改ざんした事例，また入力データの元となる表計算等のデータ改ざんの事例が報告されています（「研究報告第32号」）。

　ITへの依存がますます高まる中で，ITに係る内部統制への強化が大

きな課題となっています。

（1）ITへの対応

「実施基準」では，内部統制の6つの基本的要素の1つにITへの対応が示されています。ITへの対応では，まず，①自社を取り巻くIT環境を理解した上で，②他の5つの内部統制の基本的要素の有効性を確保するためにITを利用し，③ITを利用した基本的要素が機能するための内部統制（IT統制）を整備・運用することが求められています。③において整備・運用が求められているITの統制とは，会計上の取引記録の正当性，完全性および正確性を確保するために実施され，**全般統制**と**業務処理統制**の2つから構成されます。

（2）IT全般統制

IT全般統制は，業務処理統制が継続的に確実に運用される環境を提供・保証するものであり，具体的には，例えば，システムの開発・保守や運用・管理，アクセス管理などシステムの安全性の確保や外部委託管理などであり，これらはシステムに係る日常的な業務と言えます。

これらの業務は，財務報告の観点からは，実は，主要な取引内容，勘定残高，開示等に関連する既述の要件（実在性や網羅性などのアサーション）のほとんどに関係し，自動化された業務処理統制等が，経営者の意図したとおりに整備・運用されることをしっかり支援する仕組みとなっています。

つまり，IT全般統制に係るITの導入，ITインフラ管理やセキュリティ管理，バックアップなどに係る業務が確実に行われることにより，システムで自動計算される処理等を支え，情報の信頼性や機密性を確実に保証するという大きなメリットを財務報告の面においても享受することができるのです。したがって，もし，IT全般統制に不備が認められると財務報告に係る内部統制の評価に大きな影響を与えることになりかねないため，IT戦略やITガバナンスの在り方，ITの品質，さらにはITを

支える体制や組織を含め，十分な注意が必要となります。

　また，システムの保守の課題の1つに**レガシー問題**という，古くて新しい，そして喫緊の課題があります。レガシーシステムとは一般に昔ながらの古いシステムということですが，ただ，急激な変革の中で，2000年以降のシステムですらすでにレガシーの仲間入りとも言われています。レガシーの課題は，例えば，仕様書など必要なドキュメントがなかったり，昔のシステムを理解している人がすでに退社していたり，更新すると言っても膨大なコストに相応のベネフィットが見えにくいというやっかいな課題です。

　ただ，この問題はそもそもITの全社的な統制，つまりトップやITリーダーの戦略を見据えた上での覚悟の問題と言えます。もし，レガシーシステムが財務報告に係る重要な取引をカバーしており，IT全般統制の不備がある場合には，IT業務処理統制やその他の内部統制に悪影響を及ぼす可能性が高いため，経営者としては今後の対応方針を速やかに明らかにしていく必要があることになります。

（3）IT業務処理統制

　ITに係る業務処理統制とは，業務を管理するシステムにおいて，承認された業務がすべて正確に処理，記録されることを確保するために組み込まれたITに係る内部統制のことです。主なものとして，アクセス，入力，例外処理などに係るコントロールや，マスタ・データの維持管理などがあります。

　これには，従来，手作業によるコントロールを情報システムに組み込んだものや，情報システムへの依存度あるいは利用度によって，自動化された業務処理統制（情報の信頼性などの確保のためにシステムに組み込まれたもの），自動化された会計処理手続（計算，分類，見積りなどに係る自動仕訳・自動集計機能など），手作業の統制に利用されるシステムから自動生成される情報の提供などがあります。

08 ロボティクスの活用と内部統制

　最近，業務の飛躍的な効率化を目指してRPAを導入する企業が増えています。まだまだ実験段階の企業が多いようですが，まず，反復継続的な処理を手始めに，例えばシェアードサービスのような業務や経理の一部の機能での利用から始めて，その後，部門を超えての自動化の流れから，さらに大規模な運用による効率性を追求する取組みも出始めています。このようなRPAの活用を推進する際には，内部統制の観点からすると，何をどこまでRPAで行うのか，大きな方針の策定とリスクの特定，さらに，対応する内部統制の検討が不可欠になってきます。

　例えば，既述のモノの販売のケースを例に取ってみると，従来，手作業で行っていた，得意先からの検収書を基に売上計上するという手続きを，RPAが得意先から送られる検収書の内容をシステムに登録し，さらに会計上の自動仕分けを行うまでの業務をRPAが行うとしましょう。

　従来の手作業におけるリスクとしては，登録されていない得意先への架空売上や未承認売上の計上，売上計上日や金額の誤りなどが想定されます。既述のように，従来であればこれらの誤謬や不正リスクに対して，全社的な統制や，職務分掌を背景にした業務プロセス統制としての証憑間の照合などで，様々な虚偽記載リスクを許容範囲まで低減してきていたわけです。ここにRPAを導入すると，人間の手作業において想定していた入力の誤謬や不正といったリスクの発生可能性が大幅に低下し，処理の正確性が高まるとともに，もう1つの期待される効果として人的コストの削減も視野に入ってくるという，経営者にとっては願ってもないことになってくるわけです。

　一方で，RPAの導入は新たなリスクを発生させることになります。RPAは，言わば1つのシステムであることから，新たなシステム開発とほぼ同様の懸念が出てきます。つまり，新システムの開発運用や保守，システムの信頼性やセキュリティ対応などへの配慮は当然として，業務

プロセスや職務分掌の変更および"3点セット"の見直し，RPAが処理した業務の検証可能性の確保などが要検討事項になります。

　さらに，システム依存の増大による統制環境の高度化，つまり"RPAガバナンス"などの検討も必要になるでしょう。RPAは恣意性の排除やヒューマンエラーを根絶し，業務の有効性と効率性を同時に高める上での1つの有益な解であることは間違いなく，リスクに十分注意した上で，チャレンジする価値は大いにあると思われます。なお，RPAを推進する際には，既述のプロセスマイニング等を活用して，プロセスの改善を図った上で導入を進めることが大切です。

09 財務報告に係る内部統制の評価

（1）整備状況の評価

　内部統制の評価には，整備状況と運用状況の評価があります。整備状況の評価は，特定された財務報告の虚偽表示リスクを一定の範囲，つまり，開示すべき重要な不備がないと合理的に言えるところまで低減するための内部統制が整備され存在しているかを確認するために実施します。一方，運用状況の評価は，整備された内部統制が，実際にそのとおりに運用され，機能しているかを確認するために実施します。

　また，全社的な内部統制のように，質問書と面談等を通して，整備状況と運用状況の評価を同時に行う場合があります。業務プロセスに係る内部統制の整備状況の評価では，重要な業務プロセスについて，例えば"3点セット"などを活用しながら，重要なリスクとキーコントロール（「実施基準」では，コントロールの中でも，「財務報告の信頼性に重要な影響を及ぼす統制上の要点」と表現されています）を対比しながら1つずつ評価すること（これを「ウォークスルー」と表現することがあります）が効果的です。このウォークスルーでは，取引の開始から財務諸表へ反映されるまでの実際の取引の流れを帳票上で追跡し，また担当者

への質問等を通して，文書化の内容および検証可能性を実証的に確認するもので，整備状況の検証には大変有効な手段となります。

　整備状況の評価の結果，有効であると判断された場合に，運用状況の評価に進みます。これは整備が不十分なコントロールの運用状況を評価する意味がないからです。整備状況に不備がある場合には，補完的あるいは2次的コントロールを追加的に評価して，それでも不備が残るようであれば，期末日の最終判断に向けて速やかに整備状況の是正を図る必要があります。特に，非定型取引や新規事業，さらにはM&A等により，新たにグループ入りした企業における整備状況に注意が必要です。

（2）運用状況の評価

　運用状況の評価では，整備状況の評価で有効とされた内部統制が，実際の業務できちんと運用され機能しているかを確認します。運用状況の評価では，質問，観察，調査，再実施などを実施して，内部統制が意図どおりに運用されているという保証を得ていくことになりますが，これらの手続きが提供する保証の大きさは，手続きの時間，コストと一般的には比例するため，どの程度の保証が必要なのか判断が必要です。

　運用状況の評価においては，サンプリングを実施しますが，「実施基準」では，外部監査人へのガイダンスの中で，「90％の信頼度を得るには，評価対象となる統制上の要点ごとに少なくとも25件のサンプルが必要」としています。経営者評価においても同様のサンプル数を確保することが一般的ですが，その場合は，サンプルテストの結果，エラーが検出された場合には，サンプルを追加すること等を検討します。もっとも，最近ではサンプリングではなく，**データアナリティクス**を活用した全件チェックという極めて効果的で効率的な手法の導入が進んでいますので，検討する価値は大いにあります。

　また，IT全般統制が有効であれば，IT業務処理統制は，一度，リリースされたプログラムは変更がない限り一貫して機能するという前提の下，「実施基準」では，過年度の評価結果を利用することができるとし

て企業や監査人の工夫を促しています。

（3）開示すべき重要な不備と重要性の判断

内部統制の不備には，全社的な内部統制，業務プロセスおよびIT統制に係る整備上の不備と運用上の不備があります。不備が全体として財務報告へどのような影響を与えるかを判断し，「開示すべき重要な不備」なのかどうか判定します。

「実施基準」では，「経営者が財務報告の信頼性に関するリスクの評価と対応を実施していない」，あるいは，「取締役会又は監査役若しくは監査委員会が財務報告の信頼性を確保するための内部統制の整備及び運用を監督，監視，検証していない」などのケースでは，全社的な内部統制に不備があるとしています。理由のいかんを問わず，全社的な内部統制に不備があると考える場合には，たとえ，全社的な内部統制以外のその他の内部統制が有効だとしても，全体としての有効性の評価は慎重に判断すべきことになります。

業務プロセスに係る内部統制の不備の集計においては，不備の影響が及ぶ範囲，つまり事業拠点全体に関係するのか，あるいは部分的なのかを検討し，さらに，「実施基準」にもあるように，例えば，高・中・低の分類を活用して不備の発生可能性の程度を判断します。

発生可能性が無視できる程度に低い場合には，評価の対象から外すことも可能です。また，不備が複数あれば当然その合算値を求める必要があります。集計された不備金額が，金額の重要性を上回った場合，基本的に「開示すべき重要な不備」となります。ただ，当該不備を補完する代替的な内部統制が本当に存在しないか，発生可能性が低くないかどうかなど，再度検討して最終判断を行うことになります。

なお，財務報告に影響を与える重要性とは，会社の事業内容や規模などによって異なるものと思われますが，「実施基準」では，金額的重要性と質的重要性の観点から一定の目安を設けています。まず，金額的重要性を，連結総資産，連結売上高，連結税引前利益などに対する比率で

判断することを求め，例えば，連結税引前利益の5％程度としています。

　次に，質的重要性については，「実施基準」では，「例えば，上場廃止基準や財務制限条項に関わる記載事項などが投資判断に与える影響の程度や，関連当事者との取引や大株主の状況に関する記載事項などが財務報告の信頼性に与える影響の程度で判断する」としています。つまり，金額的重要性ではクリアしているものの，その不備の金額の修正により財務制限状況に抵触するような場合には，重要な不備かどうかを慎重に判断する必要があります。

10 ┆ 監査人とのコミュニケーション

　J‐SOX対応においては，財務諸表監査と同様に，監査人と適時にコミュニケーションを取ることが極めて大切です。監査人による内部統制監査の目的は，経営者の作成した内部統制報告書が，一般に公正妥当と認められる内部統制の評価の基準に準拠して，適正に表示されているかについて，監査人が意見表明することにあります。

　つまり，監査人は，経営者の評価を尊重しながらも，内部統制監査では，監査人が意見を表明するために十分かつ適切な証拠を入手した上で，財務諸表監査と同様の水準の保証を提供することになるのです。

　さらに，J‐SOXでは，監査人は，経営者が抽出したサンプルの妥当性の検討や経営者による作業結果の一部について検討を行った上で，経営者が評価において選択したサンプルおよびその作業結果を自らの監査証拠として利用することができるという立て付けになっています。つまり，「実施基準」に示される有効な内部統制の水準を会社がクリアしているか否かに関して監査人は直接意見を表明するものではありませんが，経営者の作業結果に加え，自らが必要と判断して入手した監査証拠と合わせて，監査人は実質的に内部統制の有効性に関連する相当程度の根拠を入手することを意味しています。

わが国では，米国とは異なり，監査人が直接，内部統制の整備および運用状況を評価するという形（ダイレクト方式）は採用していないとされる中で，外部の第三者たる監査人の経営者評価に係る意見表明を通して，内部統制の有効性に係る信頼性の確保という同様の効果が期待されているとも言えます。

ここで大切なことは，経営者の内部統制の有効性の評価に当たっては，経営者はそれぞれの会社の状況等に応じて，自ら適切に工夫しつつ，内部統制の整備および運用状況の評価を行っていくことです。

一方で，その過程において，J-SOX対応の年度企画，対象範囲の選定，サンプリング方針の決定，評価結果の判断など，重要なテーマに関して，監査人との適時で緊密な協議を通じて，会社の方針を明確に伝えることがとても大切なこととなります。**内部統制の有効性評価の品質を高めることは，経営の品質向上につながるとともに，一方で，監査人が経営者評価の結果に依拠する範囲を一層拡大することにもつながります。**

ただ，J-SOX初期導入時期に，会社側も監査人側も初めての経験であることから，すべての企業において適切な進め方で導入されたとはとても言い難い事例によく遭遇しましたが，残念ながら，現在でも同様の状況を目にします。例えば，評価対象としてのキーコントロール数や，サンプル数がいまだに明らかに過剰であるケースも見受けます。したがって，経営者のみならず，監査役等も一緒になって，J-SOXとして何をどこまで対応すればいいのか，という点に関して監査人とコミュニケーションを適時に行う必要がある一方で，監査人からの監査効率向上への積極的な姿勢も一層望まれるところです。

第3章のまとめ

1．財務報告に係る内部統制の**虚偽記載リスク**への対応は，単なる規制対応ではなく，**全社的リスク管理の観点**からその一環として取り組むべきです。

2．**「開示すべき重要な不備」**の開示は，**早期警戒システム**の役割を果たすものであり，重要な不備が発生したことを示すものではありません。

3．**「内部統制に係る基本的枠組み」**は，会社法における内部統制システムとほぼ同じ範囲であり，内部統制の枠組み全体の観点から取り組むべきです。

4．そもそも効率の悪いプロセスについて，評価したり外部監査を受けたりするような，**"不効率の積み重ね"**に陥らないよう注意が必要です。

5．J-SOX対応要員の育成については，今後の財務・非財務情報の統合も視野に入れ，内部統制の本質を理解して**原則的な考え方に対処**できるよう人員育成や，研修を進めていくことが重要です。

6．業務プロセスの評価範囲とすべき事業拠点の選定においては，国内外のグループ企業への**組織ガバナンス**の在り方を吟味して，小規模の子会社も含めるべきか検討すべきです。

7．**文書化の3点セット**は，その高い効用を再認識し，プロセスマイニングやAIを活用した更なる効率化を検討すべきです。

8．**職務分掌**は，経営理念を念頭に置いてシステムにおける権限設定も含め，組織設計にしっかりとビルトインしていくことが大切です。

9．**ロボティクス**などを活用した**RPA**を推進する際には，プロセスの改善を事前に進めることが重要です。

10．サンプリングに代えて**データアナリティクス**による全件チェックという手法は大いに検討する価値があります。

11．10年以上前の**導入時の保守的な取組み**が残ったままで適切に解消されていないかどうか再吟味することを推奨します。

第4章

COSO の
内部統制フレームワーク
とは

🔲🔲 はじめに

　第2章，第3章では，わが国において法制度化された内部統制の制度について，会社法および金融商品取引法における基本的な考え方や制度の概要について整理してきました。会社法では，内部統制システムとは「株式会社の業務の適正を確保するために必要な体制」とされ，金融商品取引法では，内部統制とは「業務の有効性及び効率性，財務報告の信頼性，法令等の遵守並びに資産の保全の四つの目的が達成されているとの合理的な保証を得るために，業務に組み込まれ，組織内のすべての者によって遂行されるプロセス」と定義しています。

　この2つの考え方では，後者では財務報告ということで報告目的を財務報告に限定している点，および具体的に内部統制の構成要素に言及している点などその特徴に違いはありますが，内部統制が組織の目的を達成するために必要な体制あるいはプロセスという組織の仕組みであるとの視点からは，両者は実質的には同じ基盤に立っているものと考えることができます。

　このような内部統制の基盤に焦点を当て，幅広く内部統制の構成要素のレベルまで踏み込んだ内容を初めて公表したのは，米国のCOSOと言われる組織です。COSOとは，1985年，SECの元コミッショナーであったJames C. Treadway, Jr.が会長となって組織化された「不正な財務報告に関する全国委員会（National Commission on Fraudulent Financial Reporting）」，通称，トレッドウェイ委員会（Treadway Commission）を支援するために，5つの団体（米国会計学会，米国公認会計士協会，国際財務担当経営者協会，管理会計士協会，ならびに内部監査人協会）の協賛と資金提供によって設立された民間主導の支援組織，いわゆるトレッドウェイ委員会支援組織委員会（Committee of Sponsoring Organizations of the Treadway Commission：COSO）のことです。

　トレッドウェイ委員会が設置され，5つの団体がそれを支援した背景

として，1970年代から80年代にかけて，不安定な政治・経済状況の中で米国において大規模な不祥事，不正な財務報告と監査人への訴訟が多発し，不正の決定的な要因を研究することが喫緊の課題とされていたことが挙げられます。

そこで，トレッドウェイ委員会は，1987年「不正な財務報告に関する全国委員会報告書」を公表し，そこでは経営陣が，不正な財務報告を防止ならびに発見することの重要性を認識することとし，その上で，"内部会計統制"（Internal Accounting Control，これについては後で触れます）の定義において，これは監査人が監査を行うために発展させたものであり，その他の目的には適さないとして，経営者のために「統一的な権威ある内部統制の基準」（Uniform Authoritative Internal Control Standards）の必要性が強調されました。それまで曖昧であった経営者の内部統制における位置付けを明確に打ち出すべきとした，最初の報告書となります。

その後，提示された課題に具体的に対処すべく，権威ある5団体が支援するCOSOが検討を続け，1992年，経営者の役割を強く意識した，有名な「**内部統制の統合的フレームワーク**」（一部は1994年に公表，以下，「COSO内部統制1992」）を公表することになります。この考え方が日本を含め，世界各国で実質的に受け入れられていくことになります。

その後，2013年には，ビジネス環境の劇的な変化を受け，組織の目的達成を負託される経営者の視点をさらに明確にし，ガバナンスの在り方，内外への説明責任や透明性を強く意識する一方で，不正の防止と発見の仕組みが内部統制を有効とする上での絶対条件であるとして，約20年ぶりに改訂されることになります。

そこで，第4章では，この「COSO内部統制1992」が公表されるに至った背景，このフレームワークの概要および2013年の改訂において何が変わり，何が変わらなかったかについてお話しします。

内部統制という考え方は，今でこそ，経営者や社員などの組織に所属するすべての人，さらにはサプライチェーンにおける主たる仕入先や，

業務委託を受ける企業までもが実施するプロセスと言われていますが，当初は，会社の決算が正しいかどうかを見極める監査において，経営者が構築する内部統制と，監査人の責任をめぐる長年の議論の中で醸成されてきました。そこで，まず，内部統制が必要とされた歴史的経緯を簡単に振り返ってみましょう。

01 米国経済の発展と会計士の登場

17世紀初めに，オランダ東インド会社という株式会社が初めてオランダで誕生して以来，蒸気機関の発明などで，英国や米国において産業革命が進展する中，株式会社に投資する株主に対し，経営状況と配当についての説明が不可欠となります。この説明（Account for）という行為が後に会計（Accounting）につながることになるわけですが，特に，鉄道事業では，英国に続いて，米国で更なる巨大な投資が必要となり，これらの資金を提供する株主へ，より的確な説明が求められることになります。事業の経営成果を適切に示し，将来の投資計画を立案し，必要な資金を調達するために，このような巨大投資に対する固定資産の減価償却や原価計算という画期的な概念が取り入れられたのもこの時代です。

一方で，会計が複雑化し不正な財務報告が多発し，倒産する企業も増える中で，財務報告の適正性を経営分析（管理会計）と監査（財務会計）という分野で，経営者および投資家を支えることになったのが，ヴィクトリア女王陛下から会計士の許可を得たプライス・ウォーターハウスなどの英国から米国に進出してきた専門性を有する会計事務所でした。

英国では19世紀半ばに勅許会計士として，米国では19世紀後半に公認会計士として，公的な会計士の制度がスタートします。19世紀後半から米国経済は鉄道事業や製造業を中心に目覚ましい発展を遂げるわけですが，1929年の世界大恐慌においてニューヨーク証券取引所の株式時価総

額の89％を失うことになります。この大恐慌への対処の一環として，投資家の保護を目的として，投資判断に必要な情報開示を企業に義務付けるため，1933年に証券法，さらに1934年には証券取引所法が成立し，上場会社には会計ルールに基づいた財務諸表の作成，必要な情報開示に加え，財務諸表に監査が初めて義務付けられることになります。会計において，貸借対照表中心の決算書から損益計算書を含む財務諸表に発展したのもこの時期でした。

SECは1934年に設立されるわけですが，初代長官はジョセフ・P・ケネディ（ジョン・F・ケネディ大統領の父）が就任し，様々な改革を行っていきます。彼は，当時は規制のなかったインサイダー取引で富を築いたとされていますが，市場の裏表を知り尽くしていたことから適任とされたようで，彼の改革は投資家保護の考え方や実践的な仕組みを取り入れ，その後の株式市場の基盤強化に貢献することになります。

02 監査目的の変遷と内部牽制

（1）経済の急速な発展と監査への期待

英国における勅許会計士による監査の目的は，経営者がその会計（説明）責任と財産の保全・管理責任を誠実に履行しているかを確かめることであり，経営者の不正を発見することであったと言われています。そのため英国における当時の監査は，財務書類に示された記録と帳簿に示された記録のすべてについての詳細な照合や転記といった手続きを再実施するといういわゆる**精査**という形を取っていました。英国の対米国鉄道事業等への投資に対しても，当初，同様の精査という形で始まった米国における監査は，その後，企業が巨大化する中，コスト効果も考慮し，一定の仕組み，つまり内部統制を前提にした監査対象取引のサンプリングをベースにする，いわゆる**試査**も進められることになります。

これは，米国連邦準備制度理事会（FRB）が，米国会計士協会（AIA）

の意見をベースにして，「企業に**内部牽制**（Internal Check）があればその限りにおいて精査は不要になる」（「貸借対照表作成のための承認された方法」，1918年）として，内部統制機能に初めて言及します。さらにその後，FRBは，「企業の資産及び負債の検証，損益勘定の検証，及び企業の内部牽制システムの有効性を確かめるための会計システムの検査を実施すべきである」（「財務諸表の検証」，1929年）として，試査の前提として内部牽制システム（内部統制の一機能）の監査が公に認知されることになります。

ただ，「財務諸表の検証」は，大恐慌が発生する5か月ほど前の1929年5月に公表されたわけですが，後に，もっと早く出ていれば大恐慌を防げたかもしれないとまで言われるほど，監査への期待が高まります。

（2）内部統制の萌芽

続いて，AIAは，**「内部牽制及び統制システム」**（System of Internal Check and Control）という表現を使い，「当該システムの特徴と程度によって監査手続を策定する」（「独立会計士による財務諸表の検査」，1936年）こととしました。ここで**Control**という言葉が初めて出てきます。

「内部牽制及び統制システム」とは，例えば，現金を扱う人は売掛金台帳への記入や請求書の発行を兼務しない等の適切な**職務分掌による資産の保全と帳簿への正確な記帳**を確かなものにする仕組みという説明がなされており，職務分掌が内部統制の基本という認識は早くからあったことがわかります。現在の内部統制の定義からすれば，かなり限定的な内容となっているものの，ここに内部統制の萌芽を見ることができます。

（3）期待ギャップ

ただ，この流れの中で英国における精査とは違って，試査を採用することにより，監査が不正な財務報告の発見ということを第一義的な目的とせず，財務諸表の適正性に関する監査意見の表明が主たる目的になる

ことが明確になっていくわけですが，これが後に問題となる，投資家と監査人との間の大きな "**期待ギャップ**" を生み出すことになります。

　試査においては，適切な内部統制の下で，監査の対象として，会計取引のすべてを示す母集団からその母集団の性格を表す代表選手を選ぶ必要があるわけですが，内部統制がしっかりできていないと，選んだサンプルが代表選手とはなり得ない，いわゆる**サンプリングエラー**の可能性が高くなります。

　他の選択肢がなかったとも言えますが，サンプリングエラーというリスクの大きさを十分に理解することなく，そのハイリスクを，企業も監査人も受け入れることになります。経営者側としては，内部統制の在り方に関する考え方やその必要性に対する自覚が確立しておらず，さらに監査人側では，試査による監査手法が未熟であったことから，不正発見に係る市場の期待と，不正に対する経営者および監査人の責任論は，内部統制の議論も巻き込んで，「COSO内部統制1992」が公表されるまで，長く厳しい試行錯誤が半世紀以上も続くことになります。

　実際，1938年に発覚したマッケソン・ロビンス社の巨額の粉飾決算事件では，監査人であるプライス・ウォーターハウス会計事務所が，長年，粉飾決算を見過ごしてきたことが問題となり，法定監査制度に対して厳しい批判や不信が寄せられます。そこで，SECが，「**一般に認められた監査手続**」の観点から調査に乗り出し，AIAは，これをきっかけに「一般に認められた監査手続」を拡張することになります。

　監査人にとっては今では常識とも言える，棚卸資産については実地棚卸への立会いを，売掛金に対しては直接的な確認を原則として実施することを決め，さらには，「内部牽制及び統制システム」の評価を強化するとして，法定監査の手続きが内部統制の観点も含め，強化されることになります。しかしながら，これで問題が解決したわけではありませんでした。

03 内部統制の範囲の変遷

　その後，第二次世界大戦後の急速な経済発展は，巨大な多国籍企業の成長を促し，新たなビジネス環境下で，監査基準の改訂の要請も出てきます。そこで，AIAは，内部統制の概念を大きく拡張していくことになります。そこでは，改めて内部統制とは，「資産を保全し，財務記録の正確性及び信頼性をチェックし，業務効率向上を推進し，経営管理の諸規定への遵守を促進するために，組織の計画及び事業において採用されている全ての調整方法及び手続から構成される。」（「**内部統制の特別報告書**」，1949年）と定義し，従前からは大きく範囲が広がります。

　ここでの内部統制とは，**資産の保全，財務記録の信頼性，業務の効率，社内方針の遵守**を示しているわけですが，「COSO内部統制1992」において，内部統制の目的を，**業務の有効性および効率性の確保，財務報告の信頼性，法令遵守**としていることを考えると，すでにこの時期に，かなり近い考え方が示されていたことがわかります。資産の保全は，「COSO内部統制1992」では，業務の有効性および効率性に含まれることになりますが，両者で決定的に異なるのは，この当時は，まだ経営者の内部統制における役割が何ら明示されていないことにあります。内部統制に係る経営者および監査人の責任を同じ土俵で納得のいく議論ができるまで，この後，40年以上という長い年月が必要となります。

　「内部統制の特別報告書」の注目すべきもう1つの点は，「予算統制，報告，分析及び原価制度を監査人が評価すべき内部統制の範囲」と位置付けたことです。

　財務会計の範囲を超えて予算統制などの管理会計の内部統制にまで拡大して言及した背景としては，財務会計と並んで，19世紀後半以降に管理会計の精緻化に関心が高まったことがあります。例えば，英国の重要な投資先となった米国の鉄道事業会社の経営状況を判断する上で，流動性分析などの経営分析が発達します。さらに，製造業では原価計算が研

究され，単位当たりの原価を下げることができれば利益は増えることに気が付き，一斉に大量生産に向かいます。そこで業界内で値下げ競争が起きる一方で，石油や鉄道事業で体力の弱った企業を買収するジョン・D・ロックフェラーや，J・P・モルガンが現れます。こうした巨大企業においては，例えば，鉄道会社では，グループ入りした企業グループ全体の**連結決算**が始まり，さらに事業別の資源配分を検討する**事業部制**の導入も進みます。コスト削減においては，作業の標準化などを提唱したフレデリック・テイラーの**科学的管理法**を応用した**標準原価計算**が活用され，困難であった適切なコスト計算には，「デュポン分析」と評判になった**投資利益率**などが活用されることになります。この投資利益率は，最近，日本でROE（自己資本利益率）として注目を集めているものですが，米国では100年ほど前に主要な経営管理指標として取り入れられていました。

ここに過去のデータを見る"守り"の**財務会計**に対して，将来のデータを見る予算統制，つまり"攻め"の**管理会計**の発展に経営者の大いなる関心が高まります。したがって，内部統制はこのような経営上の重要な管理会計活動にも目を向け，いずれ財務会計に流れてくる結果としての会計情報がそもそもどのように生成されるのかを，経営者のみならず監査人も理解しておくべきではないかという視点が，内部統制の範囲が管理会計までカバーされた背景にあると思われます。

04 公認会計士の戸惑いと責任

一方，この内部統制の定義の拡大に戸惑ったのは，監査を現場で実施する公認会計士でした。それは，監査の前提として内部統制の評価が義務付けられていたわけですが，定義の拡大を受けて，どこまで評価すればいいのか，本当にできるのか，監査責任が重くならないのか，と混乱が広がります。

例えば，「経営管理の諸規定の遵守」状況は，内部監査が主として対応するという認識が広がり，それでは外部監査は内部監査の結果に依拠すればいいのか，依拠しても大丈夫なのか，という議論や懸念も出てきます。そうした中で，この時期には不正が急激に増加したこともあり（「1945年からの10年間で，横領，着服は4倍増加」『ニューヨーク・タイムズ』1956年5月13日付），時代背景としては，外部監査が依拠すべき内部統制や内部監査の重要性が否応なしに認識されていくことになります。

　「**内部統制の特別報告書**」が広範な内部統制を提示したことから，このような実務上の混乱を招いたこともあり，米国会計士協会が米国公認会計士協会（AICPA）と名称を改めた翌年の1958年に公表した監査手続書（SAP）No.29において，内部統制を「**会計統制**（Accounting Controls）」と「**管理統制**（Administrative Controls）」に区分することになります。

　これは，監査上，検討すべき内部統制は，資産の保全および財務記録の信頼性確保と，関連する組織計画および方法と手続きを意味する「会計統制」であるとし，経営効率や経営方針への遵守などの「管理統制」は例外的であるとします。その後，SAPNo.49（1971年）では，財務記録の信頼性に関して重要性を持つと監査人が判断した管理統制は，会計統制に含まれるとし，ここに，**内部会計統制**（Internal Accounting Control）という用語が生まれます。これらは，監査人の責任範囲を明確にして限定することを主な目的としたものの，一方で，その後，監査人の責任が問われる不正が発生し，会計士を震撼させていくことになります。

　バークリス事件（1962年）は，倒産したバークリス社の社債権者が，ピート・マーウィック・ミッチェル会計事務所を相手取って，年次報告書における重要な虚偽記載を看過したとして損害賠償請求訴訟を起こしたものです。監査人は，「**一般に認められた監査手続**」を遵守したことを主張しますが，資産の過大表示と負債の過小表示について監査人の過失が1933年証券法の下で初めて認定されることになります。

　コンチネンタル・ベンディング・マシン事件（1969年）は，監査人で

あるライブランド・ロス・ブラザーズ・アンド・モンゴメリー会計事務所の３名の公認会計士が，詐欺共謀により刑事告発され有罪となった事例ですが，会計事務所としても損害賠償金を支払うことになります。これは経営者が，子会社を利用して資金操作し個人的な株式投機に私消した資金が回収不能となり倒産に至ったものですが，監査人が適正意見の監査報告書を表明したことが詐欺共謀とされたものです。これは会社の法律顧問が監査人に，会社の取締役会が関連取引を承認しなかったということを告げたものの，監査人は適切なアクションを取らなかったことが背景にあります。この事例では，監査の目的は不正の発見ではないとするものの，監査に対する不正発見の期待が法廷において認められることになったとも言えます。

　従来，経営者は誠実な存在であり，重要な虚偽表示は行わない，というような前提に立って行ってきた監査でしたが，この後，**職業的懐疑心の保持**の重要性が図られ，性善説でもなければ，性悪説でもない，ニュートラルな姿勢に立つことが前述の"期待ギャップ"への主たる対処へとつながっていきます。

　このように，経営者の性善説の前提の下，監査人は監査基準に準拠して監査を実施する限り，責任は及ばないと長い間考えてきたことを見直さざるを得ない事態が発生してきたのです。

05 内部統制に係る経営者の責任

　では，この当時，米国では，経営者の内部統制構築義務はどのように捉えられていたのでしょうか。

　それは，前述したように，従来，経営者は誠実な存在であり，重要な虚偽表示は行わないという性善説が前提となっている状況でもあり，裁判所・監督官庁ともに，企業および経営者に内部統制構築義務のような，言わば法令違反等を事前に予防するため，会社業務を監視するなどの義

務を認めることには消極的だったようです。

　そもそも，経営者の責任は，広範な経営方針の意思決定に限定される
ものであり，経営者は従業員の誠実さを信頼することを前提とすべきも
のであり，企業がどのような体制で経営・ビジネスを遂行するかは経営
の問題であり，何らかの義務を課すこととは相いれないという価値判断
があったものと思われます。

　ただ，1940年代以降，反トラスト法違反の摘発が進み，企業が高額な
制裁金を科せられる例が相次いだことを背景に，株主から，企業および
経営者は，事前にこれらの法令違反を防止し，業務を監視する義務があ
るのではないか，という主張が高まります。

　しかし，1963年のグラハム・アリスチャルマーズのケースでは，デラ
ウェア州裁判所が，依然としてこの義務を否定し，その後のリーディン
グケースとなります。

　同判例は，アリスチャルマーズ社の従業員が価格協定・カルテルによ
り反トラスト法違反で起訴され，同社も制裁金を支払った事例について，
同社株主が株主代表訴訟を提起した事案です。原告は，同社経営者につ
いて，上記従業員による法令違反の事実を知っていたことを立証するこ
となく，経営者は，そもそも会社業務を監視するシステムを構築する義
務があると主張し，提訴しました。

　これに対し，同裁判所は，「明らかに違反行為が行われているという疑
いをもたらすような状況がない限り」，原則として経営者は不正を発見す
るような監視システムを整備・運用するような義務はないと判示し，経
営者による会社業務を監視するシステムを構築する義務を否定するのです。

　この判例では，問題となった体制について「内部統制」という用語は
用いられていないものの，同体制を，不正を発見，徹底調査することを
目的とした情報収集・報告システムであるとし，さらに整備・運用とい
う2段階の観点から説明しています。ただ，積極的な予防や不正リスク
の検討，不正を起こさせない統制環境の在り方などの議論までには深化
していませんでした。

06 海外腐敗行為防止法（FCPA）と内部統制

そのような環境下で，1970年代のウォーターゲート事件やロッキード事件といった大規模な企業・政治スキャンダルの発生に伴い，海外腐敗行為防止法（FCPA，1977年）が成立します。同法は，直接的には大企業が米国国外で遂行するビジネスに関連し，外国公務員に対する贈賄行為を規制するものです。その行為の及ぼす影響や秘匿性，海外で実施されることによる発見の困難性，そもそもビジネスに付随して実施されることに伴う隠匿性，ひいては，監督当局の側から立件，立証の容易性の見地から，同法は贈賄行為を直接的に規制するのみならず，米国の上場企業に対し，正確な財務報告，また正確な財務報告を担保するための内部会計統制を構築するよう求める財務記録条項を含んでいました。

このFCPAにおける**内部会計統制**では，SAPNo.54（1972年）において改訂された会計統制をそのまま適用するということになっています。その骨子は，以下のとおりです。

①資産の保全と財務記録の信頼性に関して，取引が経営陣の承認によって実行されていること

②取引が適切に記録されていること

③GAAP（一般に公正妥当と認められた会計基準）に基づいて財務諸表が作成されること

④資産に対する責任が維持されていることを合理的に保証すること

合理的（reasonable）という言葉は，監査の手続きや背景等で1930年代以降使われてきていますが，70年代に入り，絶対的保証の対比として，合理的保証という言葉が使われ始め，「COSO内部統制1992」の核となる概念につながっていきます。

また，同財務記録条項は，対象となる行為を贈賄関連に限定しておらず，すなわち，同法は，贈賄行為を規制する刑事法でありながら，企業

において一般的に正確な財務報告を担保するための内部統制構築義務を要請する立法であったことは特筆に値します。

同法は1977年に施行されましたが，上記FCPA財務記録条項の制定を受け，1979年，SECはさらに一歩進んで，企業に内部統制に関する開示報告を課す規則案を公表します。しかし，このときは「開示すべき内部統制の内容が曖昧である」として，パブリックコメントにおいて大きな反対に遭い，同規則案は翌年撤回されます。SECのこの試みは，「COSO内部統制1992」の公表を挟んで，20年あまり後に，US-SOX法の形で具現化することになります。

FCPAは贈収賄スキャンダルという企業不祥事に呼応したものでしたが，企業に初めて一般的な内部統制構築義務を課したことから，経営者の責任も問われる流れが作られるきっかけになったとも言えます。

07 ∶ 不祥事の多発と内部統制

1960年代後半から1970年代にかけて，ペン・セントラル（鉄道会社）の大型倒産や，エクイティ・ファンディング（保険会社）のEDP（Electric Data Processing）を悪用した粉飾などで，監査人の監査に疑問が投げられ，監査人が巨額の和解金支払いに応ずる事件が多発します。

これらの事態に対処する方法が検討され，AICPAの影響の強い会計原則委員会（APB）に代わる独立の会計基準設定機関として，財務会計基準審議会（FASB）が設立されます。

さらに，「**監査人の責任に関する委員会**」（通称，**コーエン委員会**）の報告書（1978年）では，監査人の不正摘発責任にとどまらず，説明責任，独立性，教育などへの提言がなされます。そこでは，"期待ギャップ"を解消させる１つの方策として，「**拡張された内部統制の調査及び評価**」が勧告され，**内部統制の評価を強化する**ことが重要と強調されます。

また「**内部会計統制に関する特別諮問委員会**」（通称，**ミナハン委員会**）

の報告書（1979年，以下，ミナハン報告）では，内部会計統制の検討において，**「内部会計統制環境」**という概念が初めて用いられます。ミナハン報告は，FCPAを強く意識し，経営者が内部統制に係る責任を果たす上での指針を提供し，内部統制に対する様々な影響要因を整理したものであり，**統制環境**が初めて公に定義されたものと言われています。

　その影響要因とは，組織構造，従業員，権限の委譲と責任の伝達，予算と財務報告，組織上の管理，EDPに関する事項であり，現在の内部統制フレームワークにおける統制環境の理解と照らしてもほとんど違和感のないものとなっています。

　続いて，監査基準書（SAS）No.30では，**「全般的統制環境」**（Overall Control Environment, 1980年）となり，具体的には以下の内容が示されます。

①事業体の組織構造（取締役会，監査委員会，上級経営者，および子会社，系列会社，部門またはその他の管理者の義務権限を含む）

②伝達手段（責任と権限を含む）

③主要な財務報告（予算のように経営者が計画し管理するために作成されるものを含む）

④監視（Supervision，内部監査機能を含む）

⑤従業員の能力

　これを見ると，「COSO内部統制1992」のキューブがうっすらと目の前に浮かんでくるほど，イメージが近づいてきます。

　また，冒頭のトレッドウェイ委員会が1987年に勧告した主な内容を，比較のために掲げると次のとおりです。

①内部会計統制の範囲を拡張すること

②企業は不正報告を防止・発見する十分な管理体制を構築すること

③内部統制の有効性に係る経営者報告書を公表すること

④行動規範を策定・実行すること

⑤監査人は，不正発見に一層の責任を負い，不正を見抜く手続きを改善すること，など

ここでの最大の特徴として挙げられるのは，内部会計統制の範囲が，FCPAで規定されたものより広く，さらに重要なことは，②〜④に示されたように，**経営者の内部統制構築義務**をようやく明示したことです。

さらに，SASNo.55（1988年）では注目すべき変更がなされます。それは，内部統制は，**内部統制構造**と表現され，長年言われてきた「資産の保全」および「財務記録の信頼性」という目的が削除・吸収され，内部統制構造の3つの要素を**統制環境・会計システム・統制手続**としたことです。また会計統制と管理統制の区分もなくなり，それまでの議論を避けるかのような印象も受けますが，内部統制とは経営者が構築するものであることを明示し，この統制環境が，いよいよ，満を持して，「COSO内部統制1992」の統制環境につながっていくことになるのです。

08 連邦量刑ガイドラインの成立

FCPAの成立・施行とあいまって，1980年代以降，内部統制に対する企業・経営者への要請や理論も次第に発展していきます。その中で，もともとは個人の刑事罰の不公平・不均衡の是正を目的とした**連邦量刑ガイドライン**に加え，新たに法人向けである**企業量刑ガイドライン**が1991年に成立します。

これは，従来，刑事罰の量刑判断が裁判官の裁量の下で行われていたわけですが，実際に決定される刑期などに関してはかなりの恣意性が認められたため，より客観性のあるガイドラインが求められたのです。

対象となる組織と違法行為は，会社組織に限られず政府機関なども含まれ，詐欺，マネーロンダリング，贈収賄，脱税行為，独占禁止法違反などの違法行為に対する罰金を規定しています。その罰金は，**有責性**（Culpability）のスコアに基づいて算定されますが，効果的な法令遵守や倫理プログラムの存在，企業の違法行為を発生させないとする姿勢が認められれば，大幅に量刑が軽減されるというものでした。

この頃に，量刑と内部統制の在り方との関連性が経営者によって強く認識され，また企業倫理や，コーポレートガバナンスの在り方，さらに内部統制の整備・運用に関する議論開始への準備が整ってきた時期であるとも言えるでしょう。その後，同ガイドラインは，2004年（経営陣による周知，モニタリングなど），2010年（違法行為の早期発見，報告，是正プロセスの強化など）と改訂を重ねていますが，企業における内部統制・コンプライアンス・プログラム構築に対する経営者の大きなインセンティブとなっていることは間違いないでしょう。

09 「COSO内部統制1992」の概要

既述のように，不正・不祥事に対する経営者としての責任は，米国では，長い間，性善説の下，不正に対し，事前の対応や予防という行為に対する法的義務が経営者には課されていませんでした。

しかしながら，初めて一般的な内部統制構築義務を課したFCPAの成立以後においても，多くの貯蓄貸付組合（S&L）が粉飾決算等により倒産するなど，度重なる会計不正が発生する中で，さすがに内部統制に係る経営者の責任が問われ始めます。

S&Lの倒産をきっかけに，1991年には，連邦預金保険公社改善法が成立し，連邦預金保険加盟行に対して，財務報告に係る内部統制および関連法規の遵守を骨子とする内部統制の有効性に関する経営者報告書の提出，および監査人による証明が義務付けられることになるのです。

さらに，1988年には，FCPAの改正により，罰則が強化される一方で，1991年には連邦量刑ガイドラインに基づき「内部会計統制」の状況に応じて量刑が軽減されるなど，様々な動きが矢継ぎ早に続いていきます。

このような背景の中で，1992年，内部統制を経営者の責任の観点から整理して公表されたのが，有名なCOSOの「**内部統制の統合的フレームワーク**」（「**COSO内部統制1992**」）なのです。現在では，内部統制の

デファクトスタンダードとなっています。ただ，このフレームワークの公表だけでは，問題が解決したわけではありませんでした。

　その後，エンロン，ワールドコムの不祥事は，US-SOX法の成立につながり，そこで「COSO内部統制1992」が財務報告に係る内部統制の基盤として広く活用されることになります。一方，COSOは，2004年に，経営者視点をさらに強化すべく，内部統制の背景には，そもそも可能性つまりリスクがあり，リスクの背景には戦略があることから，「COSO内部統制1992」の３つの目的に新たに**「戦略」目的**を加え，全社的な観点から，より動的な**全社的リスクマネジメントの統合的フレームワーク**（*Enterprise Risk Management—Integrated Framework*，以下，**「COSO・ERM2004」**）を公表します。そして，2013年には，リーマンショックやテクノロジーの発展などの急激な環境変化を受けて，５つの構成要素の内容を一部見直し，内部統制として対処すべき具体的な17の原則をわかりやすく明示した改訂版**「内部統制の統合的フレームワーク」**（以下，**「COSO内部統制2013」**）が公表されます。

　さらに，2017年には，「COSO・ERM2004」も改訂し，５つの構成要素に20の原則を明示した**「全社的リスクマネジメント―戦略およびパフォーマンスとの統合」**（以下，**「COSO・ERM2017」**）が公表されます。

　内部統制と全社的リスクマネジメント（ERM）は密接な関係があり，第５章で，改めて取り上げます。ここでは，「COSO内部統制1992」，「COSO内部統制2013」に焦点を当て，その歴史的および今日的意義を見ていきたいと思います。

（1）内部統制の決定版定義

　内部統制が意味するところは，歴史的経緯にあるように，ステークホルダーそれぞれの立場で異なっており，明確な定義がないまま混乱が続いていたため，「COSO内部統制1992」では，内部統制を，**経営者の立場**を基軸にその他の関係者のニーズと期待に対応できるように，広範な視点から位置付けることになりました。

「COSO内部統制1992」における内部統制の定義では，「内部統制は，広義には，以下の範疇に分けられる**目的の達成**に関して**合理的な保証**を提供することを意図した，事業体の取締役会，経営者およびその他の構成員によって遂行される**プロセスである**」とされ，その３つの目的とは，「**業務の有効性と効率性，財務報告の信頼性，関連法規の遵守**」とされました。

業務の有効性と効率性には，業績と収益性に関する目標と，さらに**資産の保全**が含まれています。資産の保全については，３つの目的すべてに関連するとの説明もありますが，最も関連のある業務目的に含められています。これは，歴史的経緯にもあるように様々な議論がなされてきましたが，外部監査の歴史で発展してきた内部統制はそもそも経営者が活用すべきであるとして，その視点の変化が明示された「COSO内部統制1992」において，経営のより高い視点から俯瞰すると，資産の保全をあえて別記する理由が乏しいとの判断があったものと思われます。いくつかのキーワードについて，以下，説明を加えます。

①目的の達成

３つの目的は，経営の視点から見た事業上のすべての目的を含んでいるわけではなく，内部統制において特に重要となる目的を取り上げたものです。例えば，現在，重視される非財務情報の報告に関して当時は対象外となっていました。また，３つの目的のうち，業務目的に係る内部統制は，事業体によってそれぞれ異なりますが，財務報告目的と法令遵守目的に係る内部統制については外部関係者によって設定されるため，一般的に共通している目的と整理することができます。

別の視点からは，業務目的は"攻めと守り"の観点から，財務報告と法令遵守目的は"守り"の観点からの内部統制と整理することもできます。これらの３つの目的は，第３章でも触れましたが，相互に大変関連しており，目的ごとに個別的な対応を進めると取り組む意義が薄れるばかりか，効率の上でも問題になりがちですので統合的なアプローチが重要になります。

②合理的保証

　合理的保証とは，相当程度に高いレベルでの保証ということなのですが，とは言え，絶対的な保証ではないことから，**内部統制の限界**の1つとしてもよく取り上げられる考え方です。

　何をもって合理的とするかについてよく挙げられるのは，その分野において経験豊富な人の判断に基づく保証であるとか，あるいは，保証する上でコストベネフィットから見て妥当な範囲であることなどがあります。

　また，誰に対して保証を提供するかということですが，内部統制は経営管理の仕組みであることから，経営者が設定した内部統制の目的が達成されていることについて，経営者と取締役会が合理的な保証を得て，必要に応じ，内部で指示を出し，あるいは外部のステークホルダーに公表するということになります。

　さらに，「COSO内部統制1992」に基づいて，**内部統制が有効**であると内外に発信するには，業務目的が達成できている度合いを経営者と取締役会が理解しており，公表財務諸表が信頼し得る方法で作成され，そして関連法規が遵守されていることに，合理的保証を得ることが不可欠とされています。

　なお，内部統制の限界については，絶対的保証ではないことに加え，判断や意思決定上の誤り，経営者による内部統制の無効化，共謀による無効化，費用と効果からくる限界などがあります。

　最も影響の大きい限界は，経営者による無効化であることは言うまでもないでしょう。この点は，後ほど改めて触れます。

③プロセス

　内部統制は，組織の目的達成のために整備・運用されるものであり，外部から強制されるものではありません。また単なる業務の流れではなく，確保すべき目標に対して効果のある業務手続が内部統制ということになります。その意味では，内部統制は，業務に付け加えるものではなく，**組み込むべきもの**であるとは，けだし，的を射た表現と言えるでしょう。

（2）５つの構成要素

　また，内部統制は，経営管理プロセスに関連する５つの要素から構成されており，それは，**「統制環境，リスク評価，統制活動，情報と伝達，モニタリング」**となります。３つの目的と５つの構成要素を図示した有名なキューブは**図表4-1**のとおりです。５つの構成要素の特徴を簡単に解説します。

図表4-1 「COSO内部統制1992」

出所：「COSO内部統制1992」

①統制環境

　統制環境は，組織の気風（Tone）を決定し，他の構成要素の基盤をなすものです。５つの構成要素の中でも，最も重要な要素であり，具体的内容としては，誠実性，倫理観，経営哲学，組織構造，責任と権限委譲，人材育成，取締役会（ガバナンスの観点）の機能などが挙げられます。内部統制において，統制環境がいかに重要であるかは，第１章で触れたとおりです。

②リスク評価

　組織は，直面している内部・外部のリスクを把握し，対処する必要が

あるわけですが，リスクの識別，分析，管理をするための相応の仕組み，組織体制が必要となります。

　ここでは，リスクはネガティブな事象のみならず，ポジティブ面も含めた可能性という捉え方になっています。目的や目標の達成のために，受け入れるリスク（固有のリスク）を内部統制によってリスクの発現を低減し，その結果，残ったリスク（残存リスク）を経営者が許容できる範囲に収める必要があります。この関係を**図表4-2**で表しています。

図表4-2　固有リスクと内部統制〜残存リスクと経営者の許容範囲

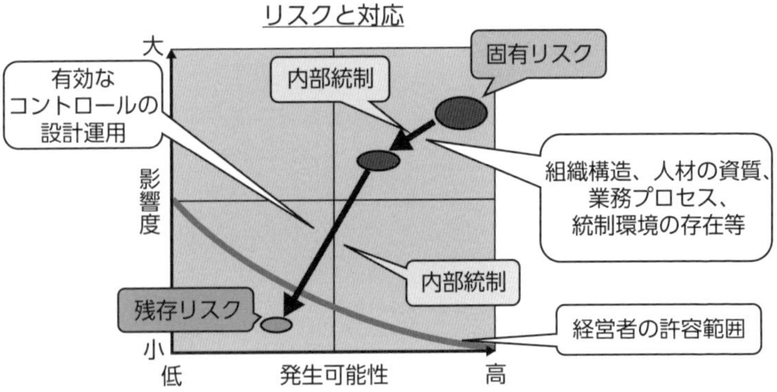

リスクと対応

③統制活動

　受け入れたリスクに対処すべく，必要な内部統制上の方針と手続きを確立する必要があります。統制活動には，承認，権限の付与，検証，調整，業績評価，資産の保全および職務の分離といった広範囲な活動が含まれます。統制活動の有効性によって，残存リスクが明らかになります。予防・発見等の統制活動の種類については，第1章を参照してください。

④情報と伝達

　これは組織内における，たてよこ・上下の情報の伝達の重要性を示す

ものです。社内の業務上の情報は適時，適切で正確であることが要請され，一方で，個人情報などの情報の管理などの法的要請にも対応する必要があります。また，この「COSO内部統制1992」公表当時においても発展し続ける情報システムへの対応も事業運営上，必要なコストをかけて考慮すべき重要なものであると強調されています。

⑤モニタリング

　モニタリングは，日常的モニタリングと独立的モニタリング，およびその組合せを通して行われることになります。内部監査などの独立的モニタリングの範囲と頻度は，自主点検や自己評価などの日常的モニタリングおよびリスク評価の結果に基づいて，決められることになります。

10 デファクトスタンダードになった「COSO内部統制1992」

　内部統制に対する社会的な要請が高まる中で，「COSO内部統制1992」が，株主を含むステークホルダーへの説明責任の基盤となるべく，経営者の視点から登場してきた内部統制のフレームワークであったことから，実務上，いろいろな場面で活用されることになります。その結果，内部統制の事実上のデファクトスタンダードとして，様々な規制や，他国における同様のフレームワーク等の制定に大きな影響を与えていきます。その概要を簡単に見ていきましょう。

　まず，1995年に，最も影響が及ぶ組織の１つとして，COSOのスポンサーの一員でもあるAICPAは「COSO内部統制1992」を受けて，SASNo.78を公表し，「内部統制構造」から「内部統制」に用語を変えるとともに，内部統制の定義，３つの目的，５つの構成要素をほとんどそのまま受け入れ，企業にとって健全な内部統制のフレームワークの受け入れと利用拡大を支援していくことになります。同じくCOSOのスポンサーである内部監査人協会（IIA）でも，SAC（Systems, Auditability and Control）などの研究に活用されていきます。

　また，国別では，英国においては，一連の不正な財務報告等を契機として，1991年以降，信頼性回復と競争力強化を目的として設置された**キャドベリー委員会**において，企業行動等の在り方が検討され，1998年の**ハンペル委員会**の報告書を経て，ロンドン証券取引所によって**コンバインドコード**として統合されていきます。

　このコードが上場基準として採用されたことにより，上場企業は，**ターンブル報告書**をベースとして，内部統制の構築状況について年次報告書への開示が行われていきます。カナダでもCoCo（Criteria of Control Board）が，COSOの影響を受け，「内部統制ガイダンス」（Guidance on Control，1995年）を内部統制のフレームワークとして公表していきます。

　また，バーゼル銀行監督委員会の「銀行組織における内部管理体制のフレームワーク」（Framework for Internal Control Systems in Banking Organisations，1998年）も，「COSO内部統制1992」の5つの構成要素を基にした13原則が示されています。このフレームワークにおいては，第2章で触れた大和銀行ニューヨーク支店の事件や，その他の重大事件が策定の契機になったことがうかがえる記載があります。その流れの中で，わが国でも，「金融検査マニュアル」（1999年）に続いて，第3章で既出の「内部統制基準」（2005年）に大きな影響を与えていくことになります。

　さらに，最近では，この「内部統制基準」が「地方公共団体における内部統制制度の導入・実施ガイドライン（たたき台)」（2018年）の「基本的な枠組み」にもつながっています。

11 「COSO内部統制1992」がなぜ改訂され，何が変わったのか

　このように内部統制のデファクトスタンダードとなった「COSO内部統制1992」ですが，複雑さを増してきたビジネス環境の中で，より包括

的でかつ合目的なガイダンスと実務上の事例を提供するため，21年ぶり
に改訂されることになります。COSOにおいて，ERMフレームワーク
との統合も検討されますが，規制対応としての有益性を考慮し，内部統
制のフレームワークを改訂・継続することにしたのです。

　改訂理由について，COSOは，ガバナンスに関する期待（取締役会の
リスク・オーバーサイトなど），市場と業務の国際化，ビジネスの変化
と複雑性の増大，法律・規則・規制および基準からの要請と複雑化，業
務遂行能力および説明責任に対する期待，進展するテクノロジーの利用
と依存，ならびに，不正の防止と摘発に関する期待が高まってきたこと
などを挙げています（「COSO内部統制2013」）。

　従来と変えていない点は，内部統制に係る基本的な定義，内部統制に
係る３つの目的と５つの構成要素，有効な内部統制には５つの構成要素
が求められていること，内部統制の整備・導入・実施に係る記述等で，
そして評価に係る経営者の判断の重要性が引き続き強調されています。

　変わった点としては，経営および業務運営の環境変化を考慮し，**業務
および報告目的を拡大**し，５つの構成要素の基盤となる**17原則を明示**し，
業務，コンプライアンスおよび非財務報告目的に関するアプローチと事
例を追加したことであり，その包括的なフレームワークとしての位置付
けを高める努力が続けられていると言えます。

12 「COSO内部統制2013」の特徴

　改訂されたフレームワークは**図表4-3**で示されますが，その特徴を整
理してみます。

　このキューブでは，従来同様，縦軸に目的が，横軸に構成要素が，さ
らに第３軸の側面には組織構造がそれぞれ示されています。**図表4-1**と
比較すると，いくつかの変更点があり，まず，統制環境の重要性を考慮
し，構成要素の記載の順番を上下逆とし，また，側面の対象となる組織

図表4-3 「COSO内部統制2013」

体の記載は，「COSO・ERM2004」をベースにして，組織構造をよりわかりやすくした形となっています。また，「モニタリング」は，他の4つの構成要素の各プロセスに関連する重要な活動であるとの認識を強調することを意図して，「モニタリング活動」となっています。

（1）目的に関連する変更

　業務目的については，その対象範囲をサプライチェーンやビジネスパートナーを視野に入れ，業務の委託先（Outsourced Service Providers）も含むこととし，内部統制を有効であるとするには，委託先の内部統制が重要である場合には，その整備・運用・評価に一定の保証が求められることになりました。

　報告目的については，「財務報告」から「報告」と変更されましたが，これは従来の財務報告では外部向け報告という意味合いが中心でしたが，今回は，外部のみならず内部への報告，さらに，ESGなどの非財務情報も対象となり，統合報告も意識して報告の対象範囲も大きく広がることになりました。

（2）構成要素における変更〜17原則と着眼点の活用

　5つの構成要素そのものは大きくは変わっていませんが，この改訂で原則主義アプローチが採用されました。そこで構成要素に関連する**17の原則**（Principles）が明示され，さらに具体的な説明を**着眼点**（Points of Focus）として例示しており，内部統制のイメージが一層わかりやすくなりました。

　原則は，内部統制の設計，導入，運用，ならびに，その有効性の評価に役立つように策定されていますが，改訂の際に，いくつかの原則について説明は追加したものの，原則そのものの追加はされていません。以下に，17原則ならびに，筆者の簡単なコメントを括弧内に付します。

統制環境

①組織は，誠実性と倫理観に対するコミットメントを表明する。（企業の姿勢が大切ということです。）

②取締役会は，経営者から独立していることを表明し，かつ，内部統制の整備および運用状況について監督を行う。（取締役会のメンバーの資質と内部統制に係る役割を明示しています。）

③経営者は，取締役会の監督の下，内部統制の目的を達成するに当たり，組織構造，報告経路および適切な権限と責任を確立する。（内部統制に係る執行経営陣の責任と権限配分を含む業務構造の構築義務を明示し，職務分掌の重要性を強調しています。）

④組織は，内部統制の目的に合わせて，有能な個人を惹きつけ，育成し，かつ，維持することに対するコミットメントを表明する。（人材の重要性を説いています。）

⑤組織は，内部統制の目的を達成するに当たり，内部統制に対する責任を個々人に持たせる。（内部統制は全役職員の責任であると強調しています。）

リスク評価

⑥組織は，内部統制の目的に関連するリスクの識別と評価ができるように，十分な明確さを備えた内部統制の目的を明示する。（どのようなリスクに対応し，何のための内部統制かを明確にする必要があります。）

⑦組織は，自らの目的の達成に関連する事業体全体にわたるリスクを識別し，当該リスクの管理の仕方を決定するための基礎としてリスクを分析する。（リスクの網羅性を確保し，最もふさわしい管理方法つまり内部統制を検討するためにリスクの特徴を分析します。）

⑧組織は，内部統制の目的の達成に対するリスクの評価において，不正の可能性について検討する。（内部統制を有効とするには，不正リスクを検討することが義務化されました。）

⑨組織は，内部統制システムに重大な影響を及ぼし得る変化を識別し，評価する。（内外の重大な変化を常に見つつ，必要な修正を加えなければなりません。）

統制活動

⑩組織は，内部統制の目的に対するリスクを許容可能な水準まで低減するのに役立つ統制活動を選択し，整備する。（経営者は，自らが判断して，閾値や主要業績指標（KPI）などのリスクの発現に対する許容度を認定する義務があります。）

⑪組織は，内部統制の目的の達成を支援するテクノロジーに関する全般的統制活動を選択し，整備する。（テクノロジーに内在するリスクに全般的視点で対処する必要があります。）

⑫組織は，期待されていることを明確にした方針および方針を実行するための手続きを通じて，統制活動を展開する。（経営者は，内部統制に対する期待を明確に盛り込んだ，必要にして十分なコントロールを設計，導入，運用する必要があります。）

情報と伝達

⑬組織は，内部統制が機能することを支援する，関連性のある質の高い情報を入手または作成して利用する。（内部統制が機能していることを示す適切な指標，KPIを設定する必要があります。）

⑭組織は，内部統制が機能することを支援するために必要な，内部統制の目的と内部統制に対する責任を含む情報を組織内部に伝達する。（誰がどの内部統制の責任者であるかを明確に伝えます。）

⑮組織は，内部統制が機能することに影響を及ぼす事項に関して，外部の関係者との間での情報伝達を行う。（内部統制の目的達成に影響のあるリスク情報の外部への伝達，いわゆる効果的なリスクコミュニケーションが必要となります。）

モニタリング活動

⑯組織は，内部統制の構成要素が存在し，機能していることを確かめるために，日常的評価および／または独立的評価を選択し，整備および運用する。（自己点検および独立性を有する内部監査の重要性を説いています。）

⑰組織は，適時に内部統制の不備を評価し，必要に応じて，それを適時に上級経営者および取締役会を含む，是正措置を講じる責任を負う者に対して伝達する。（不備は，適時に把握し，的確に伝達して，速やかに是正措置を取らなければなりません。）

取締役会が，モニタリングボードとしてその機能を果たす上で，「COSO内部統制2013」は，4つの重要なメッセージを発信しています。

最初に，**取締役会は，いかなる組織においても「トップの姿勢」に影響を及ぼす**ということです。ここでの取締役会とは，統治機関（Governing Body）の意味で使われていますので，わが国では，監査役等も含まれます。「COSO内部統制2013」は，トップの姿勢ならびに内部統制の構築を監視（オーバーサイト）する取締役会の責任の重要性を強調しています。

次に，**強固な統制環境の構築は取締役会の優先事項**とすべきとしています。統制環境は，組織の誠実な活動の支えとなります。取締役会は，行動基準や規範の定義を監督し，効果的な監視を行うために，必要なスキルと十分な独立性を確保し，有益な提言を提供すべきとしています。

続いて，**取締役会は，統制環境以外の4つの構成要素に対しても監視責任がある**としています。例えば，内外要因を考慮し，新規市場の開拓，買収提案，設備の刷新といった新しい戦略に潜むリスクに対する経営者の評価結果をレビューし，疑問があれば問いかける必要があるとしています。重要なリスクの発現を，経営者の設定する許容水準まで低減させる内部統制の設計および運用の有効性を確認することも大変重要です。

最後に，**取締役会は，経営者による内部統制の無効化，不正・不法行為に注意を払う必要がある**ということです。取締役会は，粉飾決算や，経営陣の私的利益を目的とした不適切な行為による内部統制の無効化に対抗する最後の砦です。取締役会は，経営者が実施する内部統制の無効化リスクの評価を監督し，状況に応じて経営者と対峙することが推奨されています。さらに，経営者が違法行為や不正行為が起こりやすい分野のリスクを評価し内部統制を改善する際に，取締役会は，知見を提供する必要があるとしています。

なお，**経営者による内部統制の無効化**（Management Override）は，**経営者による関与**（Management Intervention）と混同すべきではないとしています。経営者による関与は，現在の内部統制が予測不能な状況に対処できないために行われ，関係者に明らかにされますが，内部統制の無効化は，通常，取締役会などの関係者には明らかにされません。

（3）ガバナンス，ERM，内部統制の関係

「COSO内部統制2013」では，ガバナンス，ERM，内部統制の関係を次のような**図表4-4**で表しています。

ここでは，内部統制はERMに包含され，ERMはガバナンスに包含される関係と位置付けています。（リスクを受け入れ，企業価値を向上するというリスク・リターンの関係から，ERMを経営と位置付け，「ERM＝経営」と一部加工しています。）

また，内部統制は，リスクを許容度の範囲内に収まるよう設計，運用するものとしています。リスクには４つの対応（受容・回避・転嫁共有・低減）があるとし，最初の３つは戦略の課題であり，内部統制が直接貢献するのはリスクの発現が経営者の設定する許容範囲に収まるよう低減すること（**図表4-2**）にあるとしています。内部統制とERMについては，後章で触れています。

図表4-4　ガバナンス，ERM，内部統制の関係

出所：「COSO内部統制2013」，一部加工

（4）内部統制の有効性要件を明示

業務目的，報告目的，またコンプライアンス目的であれ，目的が達成されていることを合理的に保証するためには，内部統制が有効であることが不可欠です。

「COSO内部統制2013」では，実質的に5つの構成要素ならびに関連する原則のすべてが**存在**（present）し，ともに，**機能**（functioning）し，さらに，構成要素に関連するすべての不備（deficiency）を累積したとしても，その結果が重要な不備（major deficiency）ではないと判断される組織においては，有効な内部統制が構築されていると判断できるとしています。ここでの重要な不備とは，事業体がその目的を達成する可能性がかなり低くなるような内部統制の1つの不備または複数の不備の組合せのことです。

　「COSO内部統制2013」は，17それぞれの原則は，すべての事業体に適合するものであるとして，ある意味，強気な前提に立っています。それは，ある原則が，ある構成要素には関連していないと経営者が判断するまれなケースを除いて，すべての原則は関連性があるとしているのです。

（5）不正対応への期待の認識強化

　内部統制が有効であるとするには，関連するすべての原則が存在し，ともに機能しており，重要な不備がないことが求められる中で，**原則8**が不正の可能性について検討することを要請しています。これは，有効な内部統制を構築するには，反証がない限り，すべての事業体に，不正リスクマネジメントの導入を強く推奨していることを意味しています。

　原則8では，不正な開示・報告や汚職などの不正の種類，経営者による内部統制の無効化，さらに不正リスクの要因として，1950年代初頭に，米国の犯罪学者・社会学者のドナルド・R・クレッシーの理論を基礎に，会計学者のW・スティーブ・アルブレヒトが提唱した不正のトライアングル（動機，機会，正当化）をベースに，不正リスクの評価について整理されています。不正と内部統制に関しては，後章で改めて触れます。

第4章のまとめ

1. 内部統制は，会計監査の方法として20世紀前半米国で**精査**に代わって**試査**を適用する際の前提として導入された仕組みでしたが，その意義については「**COSO内部統制1992**」まで半世紀以上混乱が続きます。

2. 会計監査は，経営者は悪いことをしないという性善説を前提に「**一般に認められた監査手続**」への準拠を根拠に，訴訟リスクに対応できるはずでしたが，内部統制の範囲が拡大し，監査手続にも改善の余地が多く，悪いことをする経営者もいて，監査人は多くの訴訟に巻き込まれます。

3. **FCPA**は贈収賄スキャンダルという企業不祥事に呼応したものでしたが，企業・経営者に**初めて内部統制構築義務を課したもの**でした。

4. 内部統制構築への姿勢が認められれば，不祥事における企業の量刑を軽減する**連邦量刑ガイドライン**は，内部統制に大きく貢献しています。

5. 「**COSO内部統制1992**」は，経営者の立場を基軸に3つの目的と5つの構成要素を核とした，内部統制の決定版となる定義を公表します。

6. 様々な不祥事や，資本市場の安定化などの喫緊の課題もあり，わが国を含め，多くの国や国際的な機関で，「COSO内部統制1992」をベースにしたフレームワークが制定され，デファクトスタンダード化が進みます。

7. 2004年，経営者の視点をさらに強化すべく，内部統制の背景にリスクがあり，リスクの背景に戦略があることから，新たに「戦略」目的を加え，全社的なリスクの観点から「**COSO・ERM2004**」が公表されます。

8. リーマンショックやITの発展など急激な環境変化を受け，2013年に**17の原則と着眼点**を明示した「**COSO内部統制2013**」が公表され，内部報告および非財務報告，外注先の内部統制にも責任があると拡大されました。ガバナンスの中にERMが，ERMの中に内部統制が含まれるとされ，取締役会を中心とするガバナンスの見直しを要請しています。内部統制が有効である条件として，**5つの構成要素およびすべての関連する原則が存在し，ともに機能し，重要な不備がない**ことと明示しました。

10. 原則8に不正リスクの評価が明示されたことから，**不正リスク対応**は，内部統制を有効と内外に公表する上で，不可欠な要素となりました。

第5章

全社的リスクマネジメント（ERM）と内部統制
〜 Know Risk, Know Return

　第4章では，COSOが公表した内部統制のフレームワークである「COSO内部統制1992」，および，その改訂版である「COSO内部統制2013」を中心にその特徴を整理しました。

　ところで，COSOは，内部統制の改訂版を公表するまでに21年を要したわけですが，そのほぼ中間時点である2004年に，COSOキューブの一部を見直し，全社的リスクマネジメント（ERM）のフレームワークである「COSO・ERM2004」を公表しています。この狙いはどこにあったのでしょうか。さらにこのフレームワークは，13年後に，「COSO・ERM2017」として，より一層経営者に寄り添う形で全面的に改訂されます。なぜこのような短期間で改訂されたのでしょうか。

　そこで，本章では，COSOが公表した2つのERMフレームワークを中心に，内部統制と密接な関係があるリスクに焦点を当てたいと思います。

01 リスクとは何か ～定義の変遷と経営者が見るべきリスク

　1992年以降，COSOが公表している内部統制およびリスクマネジメントの4つの枠組みにおいて，リスクの意味合いはどのように変わってきているのか，リスクに対する一般的な見方を整理しながら，その変遷を見ていきたいと思います。

（1）リスクの3つの見方

　リスクとは何か，その意味合いですが，リスクには一般に3つの分類があります。それは，①リスクの発現がもたらす結果に焦点を当てるいわゆる **"結果系リスク"**，②報われるか，報われないか，リスク対応の成果に焦点を当てる **"成果系リスク"**，③リスクの発生源泉に焦点を当

てる "源泉系リスク" です。

①結果系リスク

　これは，従来から保険が機能している分野であり，結果としての損害を補塡するものとして，保険はまさにリスクから発展してきた人類の知恵と言えます。発生可能性は低いものの，発生時の影響が大きいリスクに対して保険は重要な役割を果たしてきています。

②成果系リスク：報われないリスクと報われるリスク

　報われないリスクとは，いかに対処しても損失しか発生せず，損失をいかに最小限に抑えられるかという厄介なリスクです。例えば，自然災害や，コンプライアンス違反などです。対応次第によっては，価値毀損はある程度防げるものの，どうやっても価値向上には直接的には貢献できず，やるべきことはできて当たり前で，できていたとしても特に褒められもせず，逆にできないと厳しく責められるばかりで，その意味でも報われにくいものと言えます。

　ただ，「報われないリスク」は一般に発生可能性は低いことから，部分的には保険に転嫁できるものの，宮沢賢治の『雨ニモマケズ』のごとくに，誰かが粛々と対処しないといけないリスクであり，報われないからと言って決しておろそかに扱ってはなりません。

　一方，報われるリスクとは，これは，やりようによっては大成功し，下手をすると痛い目に遭うようなリスクです。例えば，M&A，新規事業への投資，品質管理，顧客満足など，リスクを取ってしっかり対応すれば相応の成果を上げ，報われることになります。ただ，積極果敢にM&Aを実行しても，PMIなど，統合後の対応をうまくやらないと，期待しているM&Aのシナジー効果を出せず，場合によっては，のれんの減損処理を招くような羽目に陥ってしまいます。

　だからと言って失敗をおそれてリスクを取らないのではなく，リスクのないところには成功もないのであれば，成功と失敗のリスクシナリオ

をしっかりと描き，成果の極大化を目指して果敢に攻め続けなければ，決して報われることにはつながりません。その意味では，リスクの語源である「勇気を持って試みる」とは，まさにこの「報われるリスク」のことと言えるでしょう。

　リスクという言葉の語源が誕生した，ヨーロッパが大航海時代を迎えるその時代に，日本では紀伊國屋文左衛門が嵐の中，ミカンを船で江戸に運び大成功し，大いに報われるというリスクの語源のような話も思い出されます。ただ，古来，地震や，火山噴火，台風などの自然災害に悩まされてきた日本でのリスクのイメージは，挑戦というよりは，一般的に「報われないリスク」，つまり災害などの損失を中心にした，地震・雷・火事・親父的な，受け身的な運命として捉えられてきました。

　日本人のこのような，自然とともに，自然を受け入れながら生きていくという知恵は，例えば，長年，津波に悩まされてきた三陸地方で危機管理の知恵として伝えられてきた「てんでんこ」という災害教訓などのように，今後とも大切にして，次世代に着実に伝えていかなければならないものです。

　一方で，報われることを願ってけなげに生き抜こうとする「帰らざる河」のマリリン・モンローのように，企業や組織としても，リスクのもう一面である「報われるリスク」への果敢な挑戦のための手腕を磨いていく必要があることも事実です。

③源泉系リスク

　近時，経済発展が進み，事業リスクが複雑化する中で，発生可能性が高く，その影響が重大となるような，保険ではカバーしきれないリスクへの関心が高まります。源泉系リスクでは，リスクへの効果的な対応は，その発生源泉に注目し，つまり，なぜ，どこで，いつ発生するのかといった観点から，その根本原因に対処することで，リスクマネジメントの効果を高めようとする動きが出てきます。

　企業の目的や戦略を実現するためには，中長期的な視点から，「報わ

れるリスク」に一層焦点を当て，リスクの網羅性を確保すべく，リスクを新たな視点で見ることや，リスク対応を発生源泉に焦点を当てることが必要となってきます。このような新たな視点でリスクを捉えるためには，戦略構築プロセスや組織体制を，リスクマネジメントの観点を考慮しながら見直していくことが，今後のリスクマネジメントの高度化には必要不可欠な対応となってきます。

リスクを単に負の影響があるもののみと見るのではなく，企業価値や理念，さらには戦略の実現に，良い意味でも悪い意味でも影響を与える可能性と見ることが必要となってきているのです。

（2）経営者が対処すべきリスクとは

経営者においては，「報われるリスク」への対処が経営の核心であるという考え方が長年一般的であり，「報われないリスク」は，通常，コーポレート機能を担う法務部ないし総務部あるいは経理部など，いわゆる企業の防衛線である“3つのディフェンスライン（3線モデル）”における第2線が必死に対応してきたことも事実です（このモデルは，第1線を現場，第2線をコーポレート機能，第3線を内部監査とする組織防衛線における3線モデルのことで，115頁で改めて解説します）。

一方で，経営企画部は「報われるリスク」を担当するものの，「報われないリスク」を担当することはほとんどなかったものと思います。今や，可能性やリスクの複雑さがグローバル環境において一層増す中で，この報われる・報われない2つのリスクを1つの統合的な視点で見ていくことが避けられない状況になってきています。その典型的な例が，ESGやSDGsに係る世界的な動きです。この動きには，2つのリスクが内在しており，今後，企業が“本業で実現するCSRあるいはESG”を標榜するからには，戦略と2つのリスクを単なる連携ではなく，一体的に統合して対処，推進していくという姿勢が経営者に求められています。

リスクとは何か，改めて問い直す時期に来ていることは間違いないようです。

　そもそも，リスクとは何でしょうか，その語源としてよく使われる言葉にラテン語のRisicare（勇気を持って試みる），あるいは，スペイン語のRisco（切り立った岩礁）などがあります。これは，大航海時代に，嵐の中，見えない岩礁の間に漕ぎ出すということから，勇気を持って試みるという意味で使われていたと言われています。つまり，決して，否定的な意味合いではなかったのです。

　英語に，No risk, No returnという言葉があります。リスクのないところに成果はないということですが，まさにリスクの語源そのものを表しています。この言葉は，時に，マリリン・モンローが主演した西部劇，River of No Return（帰らざる河）という映画を思い起こさせてくれます。この映画は勇気を持って行動する中で幸せをつかんでいくというストーリーで，No risk, No returnを意識した題名であったかどうかはわかりませんが，まさにそのものを表現した映画でした。

　同じ発音ですが，Know risk, Know returnという言葉があります。リスクを理解し，成果を理解する，これこそ「COSO・ERM2017」が新たに明示したリスクの幅広い定義のみならず，そこで新たに提唱される全社的リスクマネジメントの意義をよく表しています。受け入れるリスクと受け入れてはいけないリスクをしっかりと把握し，組織の対応能力の分相応に，攻めと守りのバランスを図りながら，着実に成果を上げていく術，つまり全社的リスクマネジメントを身に付けることが，今や喫緊の経営課題となってきたと言われる時代背景の中で，「COSO・ERM2017」は登場してきたのです。

02　COSO内部統制・ERMのフレームワークにおけるリスク

　リスクの定義を再考する際に，内部統制を優先するコントロール・アプローチか，リスクを優先するリスク・アプローチかを検討し，さらに，

リスクに関連するいくつかの周辺テーマとの位置付けにも目を向けておきましょう。

（1）リスクを動的に捉え，内部統制を見直す
　〜コントロール・アプローチの弊害からの脱却

　第4章で触れたように，「COSO内部統制1992」は，長年議論されてきた不正な財務報告に対処すべき内部統制の在り方を包含する形で，経営者の視点から，あるべき内部統制の姿を明らかにしようとしました。そこでは，業務，財務報告，法令遵守の3つの内部統制の目的を掲げ，目的の達成を阻害するリスクへの対応を強化し，経営者が指示した手続きによってリスクの発現を抑え，この3つの目的の達成が合理的に保証されていることを経営者に提供することが期待されていました。

　ただ，このフレームワークでは，**プロセスや手続きとしての内部統制**と，**一定時点でのあるべき状態としての内部統制**という2つの意味合いを定義に含めていました。そこでは，ある時点における，あるべき内部統制の姿，つまり，一時点におけるスナップショットのようなイメージが示されることになったため，静的なイメージが付きまとうことになります。そのため，戦略から展開される日々のダイナミックな事業活動の中で，どのように内部統制を見直していけばいいのかという，より現実的な進め方が明示されていないことに経営者から疑問や不満が出てきます。

　さらに，ある時点のあるべき姿を追求することから，対処方法としては，例えば，チェックリストに基づいて，あるべき姿とのギャップを確認していくという方法が採用されがちになります。このあるべき姿から入る，規則主義あるいはコントロール・アプローチの安易な採用は，時として，実態を的確に見ることがおろそかになるという，形式主義が陥りやすい形骸化という罠にはまりがちになります。

　実際，US-SOXやJ-SOXの導入当初において，一見対応しやすいコントロール・アプローチの安易な採用により，多大なコストが発生する一

方，その費用対効果が疑問視され，内部統制そのものに対して否定的な印象が広がり，この弊害に関係者が悩まされたことも事実でしょう。

　これは，あるべき内部統制を検討する前に，何のための内部統制か，まずしっかりと見定めることが大変重要であることを示唆しています。そこがしっかりと見えて，さらに体制が整った段階での，コントロール・アプローチの採用は，大変，効率的で効果的な手法になります。

（2）目的に戦略を加えたことの意義
〜経営目線によるトップダウン・リスクアプローチを重視する

　そこで，「COSO・ERM2004」では，経営者目線をより高めるべく，「COSO内部統制1992」に示された3つの目的に，新たに**戦略目的**を加え，攻めと守りを一体として常に意識する，より現実的な事業経営に即した形で，リスクと内部統制を動的に捉える工夫がなされます。

　つまり，内部統制が最初にありきではなく，さらに内部統制を究極の目標に置くのではなく，組織のミッションや企業理念を実現する際の，そして戦略を立案・遂行する際の，不確実性や可能性に焦点を当てることにより，縁の下の力持ちとしての内部統制の在り方が追求できるのではないかと考えられたのです。つまり，ここに至って，コントロール・アプローチではなく，経営陣が可能性への対応方針を明確に指示しながら積極的にリスクへの対応に関与していく，**トップダウン・リスクアプローチ**を一層強調することになったのです。

　組織や企業は，企業目的や理念の達成のために，戦略を策定します。その瞬間，戦略が実現できるかどうかという可能性，つまりリスクが発生します。そのリスクの発現を，経営者が許容できる範囲に収める仕組みが内部統制ということになります。この戦略―リスク―内部統制という関係が「COSO・ERM2004」によって明らかにされたことは，内部統制の意義をさらに高めるという点から，大変重要な意味を持つことになります。

　ただ，リスクの意義を企業価値の毀損あるいは戦略の失敗要因に焦点

を当てていたことから，この工夫だけでは，ERMに対する経営者の全面的な賛同を十分に得られることにはなりませんでした。さらに2008年の金融危機に関連する巨額損失を未然に防ぐには至らず，その反省もあり，その後の内部統制とERMの在り方をさらに模索しながら，新たな動きにつながっていくことになります。

（3）定義から見るガバナンス，ERM，内部統制の位置付け

第4章で，「COSO内部統制2013」において，ガバナンス，ERM，内部統制の三者の位置付けについて，内部統制はERMの不可欠な一部分であり，ERMはガバナンスの一部分である，というCOSOの考え方を紹介しました。

日本では，会社法が内部統制システムを明示する際に，「損失の危険の管理に関する規定や体制」をそのシステムの一部としたことから，リスク管理が内部統制の一部であるという，COSOとは真逆の考え方も出てきます。リスクを損失の危険であると定義すれば，この考え方にも相応の根拠があることになります。これは，いずれが正しいかというより，内部統制とリスクをどう定義するかの問題であろうと言えます。

会社法においては，内部統制という用語と同様に，リスクという言葉も出てきませんが，「損失の危険」とは，主として「報われないリスク」のことを指しているものと言えます。一方で，リスクには，損失や脅威という否定的あるいは消極的な意味合い以外に，リスクテイクやリスク・リターンで言われる挑戦とか，新たな投資などの肯定的あるいは積極的な「報われるリスク」という意味合いもあります。また，ISO31000「リスクマネジメント」では，リスクとはプラスまたはマイナスの影響を与える可能性であるとしており，このように，まさにリスクには様々な見方があり，定義がいかに大切であるかということになります。

このような見方の違いが，リスクマネジメントや内部統制の議論に大きな影響や混乱を与えてきたことも事実ですので，改めてリスクについて，今日的なコンテクストの中で，つまり，戦略や事業目標の達成をい

かに進めるかという観点から，企業全体としての共通理解を持つことが，大変重要になってきているのです。

　そこで，COSOがリスクをどのように見てきているのか，次に整理してみましょう。

（4）COSOにおけるリスクの定義の変遷

　COSOにおけるリスクの定義は，「COSO・ERM2017」は，「事象が発生し，戦略と事業目標の達成に影響を及ぼす可能性」としています。これは，リスクの「ネガティブな（目的・目標を達成できない）面のみならずポジティブな（目標を超えていく）面」，つまりプラス・マイナス双方の意味合いを示しているとするまでは，「目的の達成に不利な影響を及ぼす可能性」（「COSO内部統制2013」）に示されるように，COSOはリスクを25年間，ネガティブなもののみと捉えていました。

　では，COSOが，リスクを「報われないリスク」と見ていたかと言えば，実はそうとも言えず，「COSO・ERM2004」では，戦略目的を加えたことにより，「報われるリスク」の中で，戦略の遂行が失敗する可能性をも含めて，目的の達成を阻害する要因をリスクとして捉えることになります。つまり，「報われるリスク」の中でリスクテイクという戦略が失敗する要因もリスクとしたことから，「COSO内部統制1992」よりは，その定義が部分的に拡大されることになったのです。一方で，戦略の成功要因としての可能性は，機会（Opportunity）と定義していました。

　そして，2017年になって，COSOにおけるリスクの定義は，戦略の達成を推進する要因をもリスクに含めたことにより，本来の語源の意味合いも含むものに変わってきたのです。物事の両面を見るという見方は自然の摂理に基づいたものであり，このように全社的リスクマネジメントが経営そのものにさらに近づいたことから，一般に受け入れられる大きな転機を迎えたと言えます。

　図表5-1は，COSOにおけるリスクの定義について，報われる・報われないリスクの観点から整理を試みたものです。

図表 5-1　COSO におけるリスクの定義の変遷（○印は該当すると考えられるもの）

リスク ＼ フレームワーク	COSO内部統制 1992	COSO・ERM2004	COSO内部統制 2013	COSO・ERM2017
定義	内部統制の目的の達成を阻害する事象	ある事象が目的の達成とは反対の影響を与える可能性	事象が発生し目的の達成に不利な影響を及ぼす可能性	事象が発生し戦略と事業目標の達成に影響を及ぼす可能性
報われない リスク	○	○	○	○
報われるリスク ―失敗要因	－	○	○	○
報われるリスク ―成功要因	－	－ （機会として定義）	－	○

03 「COSO・ERM2004」が目指したもの

　COSOのそれぞれのフレームワークが示すリスクの意味合いを念頭に置きながら，次に，「COSO・ERM2004」の特徴を見ていきましょう。ここでは，既述のように，「COSO内部統制1992」の目的に，「戦略」を加えて4つの目的に，さらに，**図表5-2**にあるように，5つの構成要素に，**「目的の設定」，「事象の特定」，「リスクへの対応」**を加えて，8つの構成要素になっています。

　すべての事業体は不確実性に直面するため，経営者の課題は，価値向上のためにどの程度の不確実性を受け入れるか（リスク選好）を決定することにあります。そして，受け入れた不確実性にいかに対処すべきか，どの程度の経営資源をどの分野に投入するのか，その指針および意思決定のために必要な情報，そして，戦略を含む4つの目的の達成に係る合理的な保証を経営者に提供するところにERMの意義があるとしています。

　特徴としては，追加された戦略目的は，企業の理念やビジョンから導かれるものなので，当然ですが他の3つの目的の上位に位置付けられて

図表5-2 「COSO・ERM2004」4つの目的と8つの構成要素

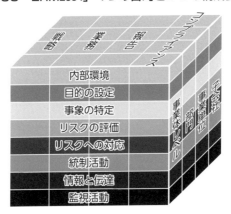

出所:「COSO・ERM2004」

　います。さらに報告に関しては，財務報告の信頼性だけではなく，財務以外のすべての報告も含む報告の信頼性の確保が目的の1つとなっています。これは，戦略目的を追加したことから，財務のみならず，すべての事業活動における内外の報告を対象としたもので，ここでも対象の拡大が企図されています。

　次に，3つ追加となった構成要素ですが，「統制環境」から「**内部環境**」に変更となったことも含めて，最初の4つの構成要素について簡単にポイントをまとめてみます。

（1）内部環境

　経営者の誠実性および倫理的な価値観等は，「COSO内部統制1992」の統制環境とほぼ同様の内容ですが，「リスクマネジメントに対する経営者の考え方」が追加されています。これは，リスクをどう定義し，どう見るかは，気風やカルチャーに影響を及ぼすことから，「内部環境」は，構成要素の中で最も重要なものとされています。

（2）目的の設定

　目的の設定により，戦略から展開される組織の方向性を示すことになりますが，ここでは**リスク選好**と**リスク許容度**という新たな概念が重要となります。

　リスク選好とは，企業がそのビジョンを追求する上で，進んで受け入れる全体的なリスクの大きさや範囲のことで，戦略決定および目標設定の指針となります。

　リスク許容度とは，企業がその目標を達成する上で，受容できるリスクのレベルということになります。つまり，経営者が積極的にリスクテイクを行い，どの程度のリスクを受け入れるのか，また，どのレベルまでリスクを許容するのか，経営者はその指針を明確にする必要があるということになります。

　リスクの測定や計量が簡単にはできない場合も想定されることから，大中小というような形でもまったく問題なく，リスク選好・リスク許容度を明示することが重要であるということになります。

（3）事象の特定

　ここでは企業に影響を与え得る事象を識別し，それが**機会**なのか，不利な影響を及ぼす要因つまりリスクなのかを判断することが「COSO・ERM2004」の特徴です。リスクに該当する事象は，リスク評価・対応というプロセスに進みますが，機会に該当する事象については，経営者による戦略決定・目標設定のプロセスに回されることにより，その機会を実現し，企業価値向上に資することが可能になるという建付けになっています。

　リスクと機会が明確に分けられているのは，一見，わかりやすいのですが，このような白黒をはっきりさせる進め方が，必ずしも経営の実態を反映したものではなかったことがその後の改訂の一要因になっていきます。

（4）リスクへの対応

　リスク対応策としては，①**回避**，②**低減**，③**共有**，④**受容**という4つの方策が提示されています。

　①回避とは，ある戦略を断念することであり，例えば，新たな地域への事業拡大の見合わせや，事業部門の売却等があります。

　②低減とは，内部統制の強化や，為替リスクへの対応として，外貨建て取引の縮小や，為替予約，マリーあるいはカバーなどにより，リスクが発生した場合の影響度を低くすることです。ここでは，内部統制の機能はリスクの低減にある，と捉えられていますが，この後，「COSO内部統制2013」では，内部統制とは，経営者が設定する一定の範囲内にリスクを収めるものと変わっていきます。

　③共有とは，保険，ヘッジ取引等が考えられます。

　④受容とは，リスクの発生可能性に影響を及ぼすことなくリスクを受け入れることを指しています。したがって，積極的にリスクを取りにいくという経営活動が対象とならず，これも，その後，「COSO・ERM2017」で，「活用」という対応が追加されるなど，改訂の一要因となっていきます。

　また，リスク対応を検討する際には，事業軸や，リスクの大分類ごとなどの**ポートフォリオ**で整理することで全社的なリスク状況を把握し，資源投入や戦略の見直しに生かせることになります。これはポートフォリオを事業面同様に，リスクの面からも合わせて見ていくことという重要な視点を提言しています。

04 ｜「COSO・ERM2017」が画期的である理由

（1）改訂の背景

　2007〜8年の金融危機，リーマンショックは世界を巻き込む一大事件

でした。特に，2008年9月29日，ニューヨーク証券取引所のダウ平均株価がその当時史上最大となる777ドルの下落を記録した米国に大きな衝撃を与えます。その後，緊急経済安定化法やドッド・フランク法の成立などで事態は収束に向かいますが，リスクマネジメント関係者には重い課題，つまりなぜERMは機能しなかったのかという問いが投げかけられます。

この問いかけに対する答えが**カルチャー**を重視するという結論に至るとは，その当時は誰も想定していなかったと思われます。ただ，返済能力をはるかに上回る融資が実行されたサブプライムローンに対して，倫理上の課題が突き付けられたことを考えると，この答えには得心がいきます。

その後，経済が回復するも，テクノロジーの発達などで一層複雑化した業務環境に対応できるリスクマネジメントの共通の枠組みが渇望されていきます。

さらに，戦略実現に貢献するERMへの期待値が上がってきたことや，ステークホルダーがリスク・リターンのストーリーに一層関心を持つとともに，ガバナンス強化を通してより明確な透明性と説明責任を求めてきていたことに加えて，リスク・オーバーサイトのように，取締役会におけるリスクに関する議論が目立って増えてきたことなどが，COSOが「COSO内部統制2013」に続いて，ERMフレームワークの改訂作業を決断するきっかけとなりました。

特に，SECが2010年，株主総会招集通知書に，**リスク・オーバーサイト（リスク監視）**として，取締役会がリスクマネジメントにおいて果たす役割を開示することをルール化して以来，米国では急速にERMフレームワークに対する関心が高まります。

（2）戦略とリスクの統合

「COSO・ERM2017」の最大の特徴は，**戦略策定，事業活動とERMを統合することにより，パフォーマンスの向上に資するためのより良い情報の提供につながり，意思決定の質を改善する**ところにあるとしたこと

です。より早く，よりはっきりとリスク事象を予測し，リスク対応の多角的な検討を通して，より多くの代替案を検討できることが意思決定の質を高めると強調しています。

　また，リスクには，「報われるリスク」および「報われないリスク」のすべてを包含することから，脅威のみならず機会も常に識別を行い，目の前の機会のみならず，中長期的な新たな機会を特定し追及できるよう工夫されているのです。つまり，リスクマネジメントの高度化により，実績が計画から乖離した場合でも，事前にリスク対応をつぶさに検討することで適時的確に対応することが可能となると強調されており，見えないものを"見える化"し，「知らないことを知らない」という状態を打破するために，「報われるリスク」と「報われないリスク」を統合して管理していく経営手法がERMということになります。

　ERMの導入により，予測精度が高まり，**負のサプライズを減らし，パフォーマンスの変動を抑える**という経営者の思いを実現してくれる優れものだとCOSOは訴えているのです。

（3）キューブが消えた!?〜新定義，５つの構成要素と20原則について

　「COSO・ERM2017」において，ERMの定義は，以下のとおりです。

　「ERMとは，組織体が，価値を創造し，維持し，実現する過程において，リスク管理のもとで策定された戦略の遂行と統合された，カルチャーと能力と実践である。」

　つまり，ERMとは，価値の創造・維持・実現のために，リスクを考慮した戦略を遂行する上で大事なことは，カルチャーであり，実行能力であり，実践することである，としたのです。

　既述したように，ここでカルチャーという言葉が出てきたのは驚きを隠せない反面，当然のこととも感じました。初めてこの定義を目にしたときは，日本の長寿企業の家訓を思い起こさせてくれた瞬間でもありました。親和性が増すことにより，これで，ERMはそれまでの検討段階から，わが国でも実践段階に入ると確信した瞬間でもあり，一方で，日

本企業ではすでに，ERMは根付いているのではないかとの思いも浮かんだのです。この思いは，改めて整理したいテーマになっています。

　COSOは，この定義の背景を示すべく，ミッション，ビジョン，コアバリューと，戦略，リスク，パフォーマンスの関係をより明確に説明するため，**図表5-3**を提示しています。

　ここでは，戦略は3つの異なる視点から検討すべきとしています。

①戦略と事業目標が，ミッション，ビジョン，コアバリューとリンクしているか否かをしっかり確認し，

②選択した戦略が示唆することは何かをよく吟味し，

③戦略の実行段階では変動するリスクを管理し期待されるパフォーマンスを目指すことによって，パフォーマンスの向上が実現できる

　まさに，リスクが価値創造ストーリーの中にしっかりと組み込まれていることがわかる図になっています。

　また，従来，見慣れたCOSOのキューブではなく，**図表5-4**にあるように新しい"DNA"グラフィックが誕生し，5つの構成要素と20原則を採用しています。キューブを継続しなかったのは，今までの内部統制

図表5-3　ミッション，ビジョン，コアバリューと，戦略，リスク，パフォーマンスの関係

出所：「COSO・ERM2017」

図表5-4 「COSO・ERM2017」のDNAモデル

全体的リスクマネジメント

| ミッション、ビジョンおよびコアバリュー | 戦略の策定 | 事業目標の体系化 | 実践とパフォーマンス | 価値の向上 |

ガバナンスとカルチャー ／ 戦略と目標設定 ／ パフォーマンス ／ レビューと修正 ／ 情報、伝達および報告

出所：「COSO・ERM2017」

からの流れではなく，経営者視点を徹底させることに主眼が置かれたためです。

　組織は，理念や目的を実現するために戦略を策定します。戦略を選んだ瞬間にその戦略が実現できるかどうかという可能性，つまりリスクを受け入れます。そのリスクの発現をプラスにおいてもマイナスにおいても経営者が許容できる範囲に収める仕組みが内部統制，つまりリスクを"見える化"する仕組みが内部統制であるという，**理念―ガバナンス―戦略―リスク―内部統制**という組織経営の基本の流れに沿って，内部統制を起点にした「COSO内部統制1992」から，理念を起点にする「COSO・ERM2017」が設計されたのです。

　DNAのようならせん状としたのは，構成要素，原則がそれぞれお互いに連携し合って，一体となって機能すべきであるとのメッセージが込められています。

05 ： 経営者にとっての 「COSO・ERM2017」の意義

　近時，経済面のみならず，地球環境，地政学，テクノロジー，社会的問題など，不確実性がますます多面的，複合的に広がる中，本業で実現

するCSRという意味でのESGリスクの登場を含め，１つの事象が脅威にもなり機会にもなり得るため，企業においては，ポジティブおよびネガティブというリスクの両面を見据えながら挑戦を続けなければなりません。舵取りが大変難しい事業環境において，経営者が果敢な挑戦を継続し，成功への確度を高めていくには，相応のカルチャーや全社的な仕組みが不可欠であると「COSO・ERM2017」は強調しています。

そこで，リスクとは何かについて，今までの認識にとらわれることなく，改めて幅広く考えていくことが必要な時期に来ています。従来，リスク管理と言えば，主に自然災害やコンプライアンス対応など，マイナスのみの影響を与えるいわゆる「報われないリスク」対応が中心でした。異常気象などの地球的規模での影響が今後拡大することが想定されるものの，事業継続計画（BCP）訓練や保険を活用してリスクを転嫁するなど，対処の仕方は相応に確立されてきていると言えます。コンプライアンス対応も規制変化に柔軟に対処し，かつ地道に粛々と進めることが大切であることは言うまでもありません。

今後，AIやロボティクス，ブロックチェーンなどの新たなテクノロジーが生み出すかつて経験したことのないビジネスモデルの変革の中で，更なるリスクテイクを進めるには，１つの事象が脅威にも機会にもなり得る「報われるリスク」への対応をどう進めるかにあります。

企業戦略とは，「報われるリスク」および「報われないリスク」への対処をまとめたものと言えます。

無論，戦略とは，企業理念，目的を実現するものですので，リスクとは，その「戦略と事業目標の達成に影響を及ぼす可能性」であると定義し，「報われるリスク」，「報われないリスク」双方の視点，つまり機会と脅威の双方の可能性を幅広く含むことになります。

さらに，「COSO・ERM2017」では，COSOの有名なキューブを継続せず，ヒトという生命体同様，組織が持続的成長を遂げるためには，DNAが重要であるとして，全社的リスクマネジメントの新しいフレームワークを，DNAモデルを模して説明を試みています。

つまり，新たなフレームワークは，ヒトの遺伝子がDNAとして一体となって幾世代も受け継がれていくように，組織においても，キューブの三次元に加えて，ある意味，時間の要素を追加した四次元的な発想で，企業におけるカルチャー，価値形成，戦略，リスク，内部統制という遺伝子の一体的な統合を，中長期的な観点で推進・強化していく様を，より現実的な形で説明を試みたものとも言えます。

　この新たな全社的リスクマネジメントにおいては，**企業価値**を新たに**創造**し，既存価値を**維持**し，そして社会においてその価値を**実現**するには，企業が取るべきリスク，つまり**プラスの可能性**に挑戦し，取ってはならないリスク，つまり**マイナスの可能性**を回避すべく，リスクを**識別**し，**評価**し，**優先順位付け**を行い，内部統制の整備・運用・評価を含め，しかるべき**対応**を行うことを奨励しています。

　言い換えれば，近時，グローバル・スケールで変化のスピードをますます高める事業環境において，リスクつまり可能性に挑戦する**カルチャー**を醸成し，変化への**対応能力**を内部統制の充実という形で高め，その仕組みを**実践**することこそが，この茫漠たる不確実性の世界において生き残るための喫緊の課題であると提言したのです。

　この提言を見て，思い出されるのは，チャールズ・ダーウィンの次の言葉です。「最も強い者が生き残るのではなく，最も賢い者が生き延びるわけでもない。唯一生き残るのは，変化に対応できる者である。」

06　5つの構成要素と20原則では何が新しくなったのか

　新たなERMのフレームワークでは，一般的なビジネスモデルとの整合性に配慮しながら，その構成要素を，①ガバナンスとカルチャー，②戦略と目標設定，③パフォーマンス，④レビューと修正，⑤情報，伝達および報告の5つとして，従来の8つから簡略化し，その内容としてもいくつかの大きな変更が加えられています（**図表5-5**）。

図表5-5 「COSO・ERM2017」5つの構成要素と20原則

ガバナンスとカルチャー	戦略と目標設定	パフォーマンス	レビューと修正	情報, 伝達および報告
1. 取締役会によるリスク監視を行う	6. 事業環境を分析する	10. リスクを識別する	15. 重大な変化を評価する	18. 情報とテクノロジーを有効活用する
2. 業務構造を確立する	7. リスク選好を定義する	11. リスクの重大度を評価する	16. リスクとパフォーマンスをレビューする	19. リスク情報を伝達する
3. 望ましいカルチャーを定義づける	8. 代替戦略を評価する	12. リスクの優先順位付けをする	17. 全社的リスクマネジメントの改善を追求する	20. リスク, カルチャーおよびパフォーマンスについて報告する
4. コアバリューに対するコミットメントを表明する	9. 事業目標を組み立てる	13. リスク対応を実施する		
5. 有能な人材を惹きつけ, 育成し, 保持する		14. ポートフォリオの視点を策定する		

出所：「COSO・ERM2017」

　それぞれの構成要素の特徴を，関連する原則とわが国企業における導入上の留意点を合わせて，以下に整理をしてみたいと思います。

（1）ガバナンス

　企業理念や目的，さらにミッション，ビジョン，コアバリューの実現や達成は，ひとえに戦略の策定と推進にかかっています。そこで，戦略とリスクマネジメントの統合を推奨する新たなフレームワークでは，企業目的の実現に向けて，的確なリスクつまり的確な可能性への追求が戦略として選択されるのか，選択された戦略の実践がいかに推進されるのか，というガバナンスの観点から，リスクマネジメントが戦略にどうかかわっていくべきかを新たに明示しています。

　そこで，「COSO・ERM2017」「原則1」では，「**取締役会によるリスク監視を行う**」として，「取締役会は，戦略を監視し，ガバナンスの責任を果たすことにより，経営者が戦略と事業目標を達成できるよう支援する」ことが重要であるとしたのです。ここでの取締役会とは，統治機関（Governing Body）の意味で使われていますので，わが国では，監

査役等が含まれることになります。

　これは，2008年のリーマンショックなどの反省も踏まえ，2010年より，SEC規則により，米国の上場会社では，リスクの監視（Risk Oversight）において，取締役会が果たすべき役割を株主総会招集通知において開示することを義務付けたことも大きく関連しています。例えば，攻めと守りにおけるリスクマネジメントプロセスの監視に関する取締役会の役割，リスクマネジメント委員会への委譲などの組織的な対応，さらにリスクを理解する上での取締役の資質，および許容し難い過度なリスクテイクを助長することのないような報酬体系に関する報酬委員会の評価等について開示が求められています。ここでは，具体的にリスクの監視をどのように機能させようとしているのか，会社としての方針を開示することになったのです。

（2）組織構造と３つのディフェンスライン
①組織構造の確立
　全社的リスクマネジメントが効果的に推進されるためには，リスクマネジメントにおける執行責任，役割分担を明確にし，報告経路を整備する必要があることは言うまでもありません。そこで，**「原則２」**では，**「組織は，戦略と事業目標を達成するために，業務構造を確立する」**ことを求めています。

　組織内において，事業軸，地域軸，機能軸などの多面的な軸をうまく調整するには，マトリックス型の活用や組織のフラット化による意思疎通をいかに進めるかがポイントになります。一方で，昨今，AIなどテクノロジーの進展によって業務構造のバーチャル化や，イノベーションの進展がリスクマネジメントに与えるインパクトなども考慮しつつ，取締役会によるガバナンスの下，経営執行陣によるグループ内の組織ガバナンスの在り方をリスクとコントロールの観点から，新たに効果的な設計運用を行うことが不可欠となるでしょう。

②3つのディフェンスライン（3線モデル）

　このような責任と権限を委譲していく上での1つの進め方に，本章の第1節でも触れましたが，1996年，英国において主に金融機関で使われ始めた**3つのディフェンスライン**というモデル（**図表5-6**）があります。その後，2013年には，内部監査人協会（IIA）がポジションペーパーにおいて，この3線モデルを正式に採用し，さらに2015年には，IIAとCOSOが共同で，"Leveraging COSO across the Three Lines of Defense"を公表し，「COSO内部統制2013」の17原則において，この3線モデルがいかに有用であるかを解説しています。

　戦略や事業目標を達成する確からしさを高めるには，取締役会および経営執行陣の監督を通じて，戦略や事業目標に影響を与えるリスク，つまり可能性と関連する内部統制の適切な管理が不可欠となります。3つのディフェンスラインは，リスクと内部統制に係る職務について組織内でいかに割り当て，さらに重複を避けつつ，網羅性を確保するかを示しています。

図表5-6　3つのディフェンスライン

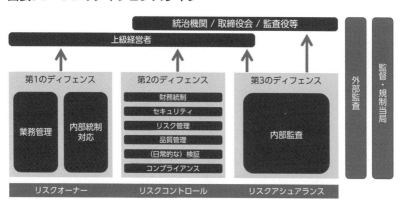

出所：IIA Position Paper, THE THREE LINES OF DEFENSE IN EFFECTIVE RISK MANAGEMENT AND CONTROL, 2013年1月一部加工

第1のディフェンスラインは，事業部門のマネジメント，プロセスオーナーが担当し，事業や業務プロセスから生じるリスクを管理する最終的な責任を有します。したがって，事業目標を設定し，人材を育成・教育し，選択したリスク対応を導入・推進することになります。このグループは，リスクに直接対峙し，対応する内部統制を実行し，組織の目標が達成される可能性を高めることから，リスクオーナーとも言われます。

　第2のディフェンスラインは，独立したリスク管理やコンプライアンスなどのいわゆるコーポレート機能部門が担当します。主な役割としては，事業部門のマネジメントやプロセスオーナーとの協働，識別されたリスクを低減するコントロールやプロセスの運用状況のモニタリング，さらに独立したリスク評価の実施や，執行経営陣や取締役会に新たなリスクやコンプライアンスなどの組織全体に係る横断的な問題・課題への対応と報告を行うことにあります。

　基本的には，現場におけるリスクマネジメントのプロセスを側面的に支援するとともに，監視機能でもあるため，リスクコントロール部門とも言われます。副次的機能に，内部統制およびリスクマネジメントプロセスの開発，実施，あるいは修正などがありますが，このラインは，組織規模や業界によっては，構成が大きく異なる場合があります。

　第3のディフェンスラインは，第1，第2のディフェンスラインが機能しているかを，独立的な立場で，内部統制やリスク管理状況等の観点からレビューし，課題を識別し，改善提言を行います。したがって，通常は，このラインは内部監査部門が担当し，ガバナンス機関である取締役会，ならびに経営執行陣の双方に問題点の現状報告を行うこと（Dual Reporting）を通して，一定の保証を提供することになります。そのため，この機能はリスクアシュアランスと言われることがあります。

　内部監査人は，組織内において高度な独立性と客観性を保持し，ガバナンス，リスクマネジメント，内部統制の各プロセスの有効性を評価および改善を支援するため，通常，体系的なリスク・アプローチを取り入れることによって目的の達成を目指します。

　この３つのディフェンスラインの考え方は，ガバナンス，リスクマネジメント，内部統制の在り方を具体的に進める方法として，多くの企業で活用されてきましたが，「COSO・ERM2017」が，リスクと戦略との直接的な関係を明らかにし，その定義を広く捉え，いわゆる「攻めと守りのリスクマネジメント」の在り方を追求していることから，ディフェンス（守り）だけの考え方のみならず，攻め（オフェンス）の側面も考えるべきではないか，また，３つのラインでいいのか，といった疑問に答えるべく，現在，IIAを中心に再検討が進められています。例えば，経営陣や取締役会の役割や，カルチャーやトップのトーン（気風）などが議論に上がっています。物事を多面的に捉える考え方は自然の摂理にかなうことから適切な方向に向かっていると考えられます。

　ただ，組織構造の形にかかわらず，リスクマネジメントと戦略を統合し，従来のリスクに対する組織内の見方を，経営理念―ガバナンス―戦略―リスク―内部統制という全社的リスクマネジメントの枠組みを活用して変革を推進するには，経営陣の相応のコミットメントと理解が基本にあることに何ら影響があるものではありません。

（3）カルチャー

　次に，「COSO・ERM2017」の特徴的な点は，カルチャーを強調していることです。ここでは，カルチャーとは，経営者や職員の判断に影響を与え，組織のミッション，ビジョン，コアバリューを反映した，ポジティブ，ネガティブ両面のリスクに対する姿勢，行動およびリスクへの理解のこととされています。したがって，カルチャーは，経営者や社員の行動・意思決定に反映され，意思決定は，利用可能な情報・判断力・能力・経験に基づいて行われるため，カルチャーの在り方が重要であると強調しています。

　つまり，カルチャーは，戦略の範囲と事業目標の設定に影響を与えたり，リスクの識別と評価のプロセスの厳格度合いに影響を与えたり，また，リスク対応への経営資源投入への検討，例えば追加保険の費用対効

果の吟味などに影響を与えることになります。

そこで，「**原則3**」では，「**望ましいカルチャーを定義付ける**」として，「組織は，事業体の望ましいカルチャーを特徴付ける望ましい行動を定義付ける」ことが大切であるとしています。

カルチャーの定義付けは，取締役会，経営陣の責任であるとしています。カルチャーに影響を与えるものは，内部的には，自主的で主体的な判断のレベル，コミュニケーション，規則や報酬制度などであり，外部的には，規制のレベルや顧客・投資家の期待などであるため，経営陣としては，カルチャーの醸成を常日頃から心掛け，組織全体への普及や，その徹底について細心の注意を払う必要があることになります。

わが国においても，世界に冠たる日本の長寿企業の研究等からカルチャーの重要性が改めて取り上げられ，トップから現場までの風通しの良さなど，健全なコーポレートガバナンスは，良好な組織文化に支えられるといった話題をよく耳にします。また，金融業界では，金融危機の反省から，リスク・カルチャーの構築・評価が求められるようになっています。

「いかに立派な社是・社訓でも，これが一つの社風になるまで年期を積み上げないとものにならない。そして，社風なき会社からは，立派な人材や製品は生まれてこない」。このトヨタ自動車株式会社の元名誉会長である豊田英二氏の言葉は，まさにカルチャーの大切さを指摘したものと言えます。

（4）コアバリューと人材

企業理念や目的において，組織が大切にする基本的な価値（コアバリュー）を多くの組織が設定しています。そこで，「**原則4**」では，「**組織はコアバリューに対するコミットメントを表明する**」ことが大切であるとしています。コアバリューを組織全体に伝えるには，経営陣のコアバリューに対する強い支持，理解，コミットメントを伝える"気風"（Tone）が重要になります。首尾一貫した気風は強い組織を創り上げ，鍵となるのは中間層の気風であることから，経営陣と中間層との緊密な

連携が不可欠となります。

　さらに，戦略や事業目標を達成するには，組織は，戦略と事業目標にふさわしい人的資本の形成にコミットする必要があります。そこで，「原則5」において，「**有能な人材を惹きつけ，育成し，保持すること**」が重要であるとしています。近時，"War for Talent"という言葉が示すように，有能な人材の確保がますます重要な経営テーマとなっています。そこで，業務遂行能力を確保するために必要な人的資本を定義し，研修，指導，評価を適切に実行していく必要があります。注意すべきは，パフォーマンスに対する報奨制度やインセンティブの設計（金銭的・非金銭的要素を含む），プレッシャーへの対処，後継者の準備などで，これらが重要テーマとなります。

（5）戦略と目標設定
①リスクプロファイルとパフォーマンス

　リスクと戦略の統合を図るには，戦略策定が，内外において激変する経営環境における様々な「機会と脅威」，いわゆる**リスクプロファイル**を適切に反映できる仕組みとなっているかが重要となります。リスクプロファイルとは，リスクとパフォーマンス（売上高や営業利益など）の関係を示すもので，リスクの大きさなどでパフォーマンスが影響を受けること，つまりリスクの環境に対する経営者の見方ということになります。

　例えば，リスクプロファイルと戦略目標の関係を描いた**図表5-7**において示したように，10の売上目標と100の売上目標を持つ場合，受け入れるリスクが同じであれば，通常，100の売上を達成する可能性は低くなります。それは，高い目標を持つ場合，競争相手の力も増すでしょうし，多くの人に受け入れられるためには，提供する製品やサービスにおいて一層高い品質が要求されることになるからです。

図表5-7　リスク，パフォーマンスとリスクプロファイルの関係

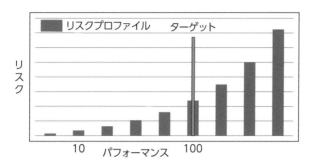

出所：「COSO・ERM2017」一部加工

②事業環境分析

　組織が受け入れるリスクの種類や量，いわゆるリスク選好を決定するには，リスクの環境を理解することが必要となります。そこで，**「原則6」**では，**「事業環境を分析する」**として，「組織は，リスクプロファイルに対する事業環境の潜在的影響を検討する」ことが重要であるとしています。

　戦略および事業目標に影響を与える事業環境要因を理解するには，外部環境ではPESTLE分析（政治：Political，経済：Economic，社会：Social，技術：Technological，法規：Legal，環境：Environment）を，内部環境では，4つのカテゴリー（資本，人材，プロセス，テクノロジー）の観点からの分析を行い，各要素の相互関連や相互依存を見極め，真因を追及して，目的に沿った対応を検討することであると強調しています。

③リスク選好とリスクキャパシティ

　続いて，事業環境分析を基にして，「可能性」としてのリスクをどこまで受け入れるべきか，つまりリスク選好はいかにして決定するかを明らかにする必要があります。そこで，**「原則7」**では，**「リスク選好を定**

義する」として，リスクを受け入れる姿勢を明確にすることの重要性を強調しています。

　リスク選好とは，組織が価値追求において受け入れる，幅広いリスクの種類と量のことで，通常，戦略策定と同時に策定し，成長とリスクとリターンに焦点を当て，質的・量的に表現することになります。

　例えば，貸倒れは0.5％以内に抑えるとか，従業員の安全衛生へのリスク選好は最も低いが戦略・報告・業務目標へのリスク選好はやや高く，あるいは，イノベーションには最低25％の業務予算を投入するなど，ターゲット（目標）の設定，レンジ（範囲）の設定，シーリング（上限）やフロア（下限）などで表現されます。その際，注意すべきは，事業体が戦略と事業目標の追求において耐え得るリスクの最大量，つまり，**リスクキャパシティ**を念頭に置いて意思決定する必要があります。

④代替戦略の評価

　さらに，選択した戦略が持つリスクを再検討し，選択しなかった戦略のリスクも合わせて，考慮すべき潜在的影響を見ておくことは，その後の環境変化への対応においては不可欠となります。そこで，「**原則8**」では，「**代替戦略を評価する**」として，「組織は，代替戦略とリスクプロファイルに対する潜在的影響を評価する」ことが重要となります。各代替案は，それぞれのリスクプロファイルを形成し，様々なリスクを生み出すことになるため，事業環境，経営資源，対応能力に関する前提条件を検討します。前提が多ければ多いほど，また，前提の根拠が薄ければ薄いほど，より高いリスクプロファイルを有することになる点に注意が必要です。

⑤事業目標の設定

　また，戦略の実現には，当然のことながら，主要業績指標（KPI）などの適切な事業目標を組織全体に展開する必要があります。そこで，「**原則9**」では，「**事業目標を設定する**」として，「組織は，特定の測定又は

観測可能で，達成可能な関連性を持った事業目標を設定する」ことを強調しています。収益性，顧客満足度，優秀な人材確保，法令遵守，効率性確保，技術革新の主導等，戦略とリスク選好とを結び付けることが大切です。さらに**リスク許容度**を理解することが重要で，許容度の範囲内で事業を行うことで，経営者は事業がリスク選好の範囲内で行われていることの確信が持てることになります。

⑥「戦略と事業目標」のまとめ

　パフォーマンスの目標を高くすればするほど，リスクプロファイルも大きくなります。つまり，正の可能性と同時に負の可能性も大きくなるため，そのような正負の大きな可能性を受け入れるには，受け入れるにふさわしい組織の能力や成熟度が必要になります。

　したがって，正負の大きな可能性をどこまで受け入れるかは，組織が受け入れることが可能な最大限の能力や成熟度，つまり，リスクキャパシティを認識しておかなければなりません。通常は，組織が受け入れるリスク（リスク選好）は，実現可能性を考慮して，リスクキャパシティの範囲内に収めることになります。

　このように，組織が認識する自らの限界点であるリスクキャパシティの範囲内において，さらに，リスクプロファイルにギリギリのところで，リスク選好ならびにパフォーマンスの目標を設定することが最適な戦略となるのです。これこそが，リスクと戦略の統合の原型ということになります。**図表5-8**はその概要を示したものです。

　この図では，縦軸にリスク（可能性）の大きさ，横軸にパフォーマンス（売上，営業利益等）を示しています。縦軸では，上部に受け入れることが可能なリスクの大きさであるリスクキャパシティが示され，その下部に，リスクキャパシティの範囲内で，通常，実際に受け入れるリスクの大きさ（リスク選好）を設定することになります。パフォーマンスの横軸では，リスクプロファイルとリスク選好の交点であるD点より左側のB点に目標を設定することになります。

図表5-8　リスク, パフォーマンス, リスクキャパシティ, リスク選好, リスクプロファイル, 許容度, 目標の全体図

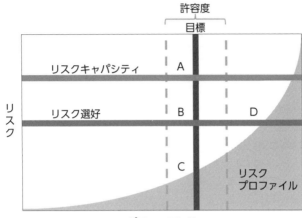

出所：「COSO・ERM2017」一部加工

　これはリスクプロファイルが, 組織にとっては, リスクの語源にあるように漕ぎ出す海に荒れ狂う"嵐"であり, "嵐"には成功の要因もあれば遭難の要因もあることになります。そこで遭難の可能性の大きいこの"嵐"の中にはなるべく入ることなく, リスク選好とリスクプロファイルの交点ギリギリのところから左側に戦略目標を設定することが最も効率的な選択となります。

　したがって, リスク選好が, C点まで消極的になると目標の達成が困難になるかもしれず, またリスク選好がA点のリスクキャパシティまで大きくなると目標達成は容易になるかもしれませんが, 経営資源の効率的活用の観点からは大きな問題となりかねません。いかに的確なリスク選好を持つかが知恵の出しどころになるということです。

コラム⑥　ソクラテスの「無知の知」とリスク

「無知の知」とは，古代ギリシャの哲学者であるソクラテスの「知らない
ことを知る」という哲学に向き合う姿勢を表した言葉です。ソクラテスは，
より良く生きることを問い続け，無知である自分に気付いたときは，自分
としっかりと向き合い，更なる探求を始めるべきだとしています。そこで，
「無知の知」を踏まえてリスクを識別するとはどういうことなのか，３つの
パターンを考えてみましょう。

最初は，**「知っていることを知っている」** 状態です。リスクがそこにあり，
対処もできていることを自覚している状態です。ただ，組織経営においては，
誰がどこまで知っているかが課題となります。担当外のことに無頓着で，
横槍に激しく抵抗するような縦割り型組織の弊害は排除しなければなりま
せん。経営執行陣全員においては，全社的な観点から重要なリスクが適時
に共有され，社員は全員，組織のミッション，ビジョン，コアバリューを
認識できており，いわゆる共通言語の確立ができて初めて組織として「知
っていることを知っている」と言えることになります。

次は，**「知らないことを知っている」** という「無知の知」の状態です。知
っているつもりでも実はよく理解できていなかったり，また過去に得た知見
が今でも通用すると誤解したりしているのであればそれは知っていることに
はなりません。「知らないことを知っている」とは実はすごいことなのです。

最後に，**「知らないことを知らない」** という状態です。これは最も怖い状
態であり，この状態に遭遇すると，時に人は想定外として釈明や言い訳を
しがちです。ただ，阪神・淡路大震災や，東日本大震災とその際の原発事
故は本当に想定外と言えるのか，リスクシナリオやリスク対応はもっと厳
密に考慮しておくべきではなかったのか，今後も問い続けなければならな
いという教訓を学びました。

新型コロナウィルスなども含め，リスクの識別に「これで万全」という
ことはありません。地震や火山噴火の時期を事前に精確に認知することが
いまだに困難です。地球や宇宙のことなど，知らないことを知る楽しみが
あるとも言えますが，われわれ人類は謙虚さを持って，知らないことを知
る探究心を持ち続けないといけないということなのでしょう。

（6）リスクの識別

　リスクマネジメントにおいて，ほとんどのケースで必ず行わなければいけないタスクはリスクの識別です。何の目的で，どのようなリスクを対象に，誰が，いつ実施するのかが最初に行う検討課題です。

　従来のリスクマネジメントでは，過去に損害を被った経験や他社での事例などを参考にして，いわゆる「損失の危険」に対して，一定の保険を付すことを中心に進められてきたと言えます。近年注目を集める全社的リスクマネジメントにおいては，増大する可能性の中で企業目的や戦略達成の確からしさを高めるべく，リスクの識別においては対象を幅広く見て，組織全体での取組みとする企業が増えてきています。

　「COSO・ERM2017」においては，「**原則10**」では「**リスクを識別する**」として，「組織は，戦略及び事業目標のパフォーマンスに影響を及ぼすリスクを識別する」ことが重要であるとしています。

①リスクのタイプ

　戦略および事業目標のパフォーマンスに影響を及ぼすリスクを網羅的に識別する際に考慮すべきリスクには，（ⅰ）新たなリスク，（ⅱ）エマージングリスク，（ⅲ）既存リスクの3つのタイプがあります。

　新たなリスクとは，事業環境の変化やビジネスモデルの変化でかつて経験したことのないリスクであり，いかに識別するのか，個々の事業環境において創意工夫が求められます。

　エマージングリスクとは，普段はさほどの影響があるとは思えないものがいつの間にか忍び寄ってきて，気が付いたときには影響が大きくなっているようなリスクです。まさに"ゆでガエル"のリスクと言えます。徐々に変化するため，なかなか気付くことができず，リスクが発現して初めてその影響の大きさを認識することになります。小さな変化にも気が回るように普段からリスク感性を高めておく必要があります。

　また，**既存リスク**についても，過去と同様に，現在，将来においても同じようなリスクが存在するかどうかについて定期的な見直しは必須で

あり，形骸化による負のリスクは最小限にしておく必要があります。

②誰がリスクを識別すべきか

　次に，リスクの識別を誰が行うかということですが，リスクに関する情報を持っている人，つまりリスクオーナーと言われる人が識別を行うことが最も効果的です。リスクマネジメントの管掌部門としては，リスク管理部，総務部，法務部等の機能部門が担当しているケースを多く見かけます。そして，時には，リスクの識別はそのような機能部門が実施しているケースも見かけます。

　しかし，従来型の「報われないリスク」であれば，従来の経験値に最近の事情を考慮すればそれでも特に問題はないのかもしれませんが，戦略や事業目標，さらに最近のESGリスクなどを対象に検討するのであれば，リスクへの対応を含め，全社的な体制の下で関連するリスクオーナーを巻き込むことが不可欠となります。つまり，最もリスクに関連する情報を持ち合わせている人が一体となってリスクの識別を組織横断的に行うことが，最も大切なこととなります。

③網羅性の確保

　また，この識別の段階において注意すべきことは**リスクの網羅性**です。網羅性を確保するには，内外の事業環境の変化と新たな目標を掲げる戦略などから，まずトップダウンで新たに想定されるリスクをどの程度識別できるかが重要となります。つまり，原因と結果を明示した中長期のリスクシナリオをいかに網羅的に描き切れるかということになります。そのためにもリスクの識別は，まさにリスクの情報を持っている人が行うことが大切となるわけです。

　次に，網羅性を確保するためには，戦略や事業目標をしっかりと組織の末端まで伝達し，社員1人ひとりが常に意識して機会と脅威を識別し，その情報を吸い上げる仕掛けを持つことが必要になります。そのためには，社員全員のいわゆる**リスク感性**を高める工夫が必要となります。

　リスク感性を高めるには，4つのステップがあります。まず，(i)結果から原因が追及できること，次に，(ii)原因から結果を推定できること，さらに，(iii)原因に“揺らぎ”が加わったときに変化する結果を推定できること，最終的には，(iv)複数の原因と複数の結果の因果関係を解き明かし，根本原因を特定できるようになるということです。4つの段階をそれぞれ具体的な言葉で表現しながら，日頃の訓練を通して，より高いリスク感性をマスターしていくことが重要となります。

　こうして，トップダウン，ボトムアップによるリスクシナリオを洗い出すことにより，網羅性の確保がより強固となります。なお，通常，トップダウンとボトムアップによるリスクの洗い出しにおいては，結果が異なります。それは，良し悪しの問題ではなく，それぞれが持っている情報が異なることから来るギャップであることが多く，双方のシナリオの質をしっかりと吟味して，評価のステップに移ることが大切です。

④リスクの識別方法

　リスクを識別する方法としては，社内アンケート，リスクオーナーへのインタビュー，KPIや先行指標（KRI）の動向分析，プロセスに内在するリスクの分析，関係者が集まって行うワークショップなども有効です。

　それぞれに一長一短はありますが，よく実施されているアンケート方式は進めやすい一方でなかなか本音や実態が見えにくくなることがあります。そこで，インタビューを合わせて行うことにより，その欠点をカバーすることも行われています。

　また，リスクオーナーが集まって行うワークショップでは，手間がかかる一方で，合意形成という組織的に高い納得感が持てるという大きな成果を期待でき，その後につながる効果の高さは群を抜いています。参加者の高い納得感と質の高い合意形成を生み出すワークショップの高い有効性について，詳しくは，『リスク・コントロール・セルフ・アセスメント』（プロティビティLLC編著，同文舘出版，2015年）を参照してください。

　最近では，データの蓄積と追跡によるリスクの相関関係の分析や，コ

ンピューターが自ら学習し，考えて，大量のデータを瞬時に統合分析することができるコグニティブコンピューティングなども活用されています。識別方法はそれぞれの方式の組合せが効果的と言えます。

図表5-9は，既述のリスクタイプとリスクの識別方法の組合せを整理したものです。

図表5-9　リスクのタイプと識別方法

リスクの種類	アンケート	インタビュー	主要指標	プロセス分析	データ追跡	ワークショップ	コグニティブコンピューティング
既存のリスク	✓	✓	✓	✓	✓	✓	✓
新しいリスク				✓	✓	✓	✓
エマージングリスク		✓	✓			✓	✓

出所：「COSO・ERM2017」一部加工

⑤リスクモデル（一覧表）

効果的なリスクの識別を進めるには，**リスクモデル（一覧表）**を作成し，適時にアップデートしていくことが大切です。標準化されたリスクの用語や定義，分類を使用することはリスクマネジメントのPDCAにおいては共通言語として大変重要な役割を果たします。

リスクマネジメントは，ナレッジマネジメントとも言われ，組織全体を通じた取組みであるため共通言語を持つことが大変大事な要素となります。リスクモデルには，通常，リスクの分類，リスクの名称，戦略や事業目標との関連で原因と結果を示すリスクのシナリオを記載することになります。

ある原因は，別の原因の結果でもあり，ある結果は新たな原因となって新たな結果を生み出すことになり得るため，いわゆる**リスクの相関関係**をしっかりとひもとき，何が大本の原因なのか，根本原因を突き止めることも重要です。根本原因に対策を施すことで，期待する成果を効果的に導き出すことにつながるからです。

図表5-10は，リスクモデルの事例として，３つの大カテゴリー（①外

図表5-10　リスク分類と上場会社の事業等のリスク分析（3,644社，2019年3月末までに終了した年度）

A外部環境リスク

		FY18			FY18			FY18
1	競合他社	2,704	7	政体の安定性	1,299	13	商慣行	207
2	顧客ニーズ	1,957	8	外交関係	138	14	金融市場	2,984
3	技術革新	922	9	関連法規	3,260	15	災害損失	3,141
4	外部感応度	2,962	10	規格変更	181	16	気候変動	748
5	出資者の動向	1,196	11	業界特性	527	17	少子高齢化	674
6	資本調達	1,239	12	地域特性	1,902	18	サイバー攻撃	1,143

B業務プロセスリスク

		FY18			FY18			FY18
	(a) 財務			**(b) 権限委譲**			**(d) ガバナンス**	
	1．価格		30	リーダーシップ不全	24	40	組織文化	343
19	金利変動	1,289	31	統制不足	267	41	CSR	378
20	為替変動	2,259	32	アウトソーシング統制	964	42	取締役会の実効性	1
21	持分価値変動	893	33	勤務評価基準	246	43	後継者計画	242
22	商品相場変動	229	34	変化への順応性	844	44	グループガバナンス	164
23	金融商品変動	820	35	縦横コミュニケーション	163		**(e) 評判**	
	2．流動性			**(c) 情報処理／IT**		45	コーポレートブランド	1,766
24	資金不足	730	36	データの完全性	267	46	エンゲージメント	20
25	機会損失	154	37	情報セキュリティ	2,366		**(f) 誠実性**	
	3．与信		38	情報の可用性	1,062	47	経営者の不正	1
26	債務不履行	1,202	39	ITインフラ	337	48	従業員の不正	2,952
27	取引先集中	233				49	第三者の不正	1,176
28	決済未了	3				50	過失	1,678
29	担保価値損失	506				51	無権限者による経営資源の使用	5

	(g) 業務／運営				
52	顧客満足	199	62	流通チャネル不全	1,268
53	人的資源・資質	2,146	63	提携先の内部統制	1,051
54	知的資産維持活用	1,313	64	広義のコンプライアンス	1,646
55	製品開発力	1,010	65	経営資源への依存	409
56	業務効率	1,021	66	製品・サービスの欠陥	2,610
57	生産能力	2,056	67	環境への負荷・対応	1,102
58	取引拡大対応能力	25	68	労務問題	1,323
59	パフォーマンスギャップ	756	69	人権問題	30
60	サイクルタイム	380	70	健康・安全管理	2,161
61	サプライチェーン	2,959	71	商品ブランド	646

C意思決定情報リスク

		FY18			FY18			FY18
	(a) 戦略			**(b) 外部報告**			**(c) 業務／運営**	
72	外部環境モニタリング	107	81	外部報告の虚偽記載	0	88	予算・計画統制	512
73	ビジネスモデルの陳腐化	245	82	会計基準・見積り	828	89	価格設定	3,007
74	ビジネスポートフォリオ	181	83	減損	843	90	契約履行情報	1,741
75	投資判断情報	1,582	84	財務報告内部統制	314	91	業績評価指標の有効性	9
76	組織構造の戦略整合性	2	85	開示統制の整備運用	16	92	財務業績の偏重	0
77	KPIの戦略整合性	6	86	税務戦略情報	1,098			
78	経営資源の最適配分	1,996	87	年金基金情報	7			
79	戦略の外部環境適合性	565						
80	製品LifeCycle戦略	107						

部環境リスク，②内部―業務プロセスリスク，③内部―意思決定情報リスク）と10個の中カテゴリーに，92個の小カテゴリーのリスクを利用したプロティビティ社が開発したリスクモデルを示したものです。

　さらに，このリスクモデルにあるリスク情報が，2019年3月末までに終了した年度のわが国の上場会社3,644社の有価証券報告書上の事業等のリスク欄に記載されている社数をプロットしたものです。

　全体的には，「外部環境リスク」の記載が多くなっています。例えば，トップ10のリスクを見てみると，**関連法規，災害損失，価格設定，金融市場**，サプライチェーン，**外部感応度**，従業員の不正，**競合他社**，製品・サービスの欠陥，情報セキュリティとなっています。「報われないリスク」は，関連法規，災害損失，従業員の不正，情報セキュリティの4つで，「報われるリスク」の方が6つと多くなっているものの，「外部環境リスク」が5つ（上記の太字），「内部―業務プロセスリスク」が4つ，「内部―意思決定情報リスク」が1つ（上記の斜体）で，偏りが見られます。

　ところで，2019年1月31日に公布された内閣府令第三号「企業内容等の開示に関する内閣府令の一部を改正する内閣府令」（以下，「開示府令」）ならびに，2019年3月19日に金融庁より公表された「記述情報の開示に関する原則」（以下，「開示原則」）では，リスクと戦略との関連を意識した「内部―意思決定情報」に係るリスクの開示においては，2020年3月31日以降終了年度から一層詳しく求められることになります。戦略および関連するリスクを，価値創造ストーリーの中で明示していくことが想定されていることから，リスクの識別は，戦略と事業目標により一層関連付けて行うことが求められることになりました。詳しくは，後章で触れる予定です。

（7）リスクの評価と優先順位付け

　続いて，識別されたリスクについて，戦略および事業目標の達成との関連でその重大度を評価することになります。リスクの評価は，その後のリスクへの対応方針やリスク選好，経営資源の配分とリスク対応能力

の強化など，戦略上の重要な意思決定に大きな影響を与えることになるため，影響を受ける可能性のある事業目標ごとに，関連する組織（部門，機能，業務ユニットなど）にわたって評価されることになります。そこで「原則11」では，「**リスクの重大度を評価する**」として，組織階層ごとのリスク評価を推奨しています。

①組織階層ごとの評価

図表5-11は，異なる組織階層におけるリスク評価を示したもので，リスク区分1は，戦略に直接的に影響を与えるため重大度は通常高くなり，リスク区分2は事業ユニットにおいての重大度を示し，リスク区分3は複数の事業目標に影響を与えるものとして評価されることになります。

図表5-11　異なる階層におけるリスクの評価

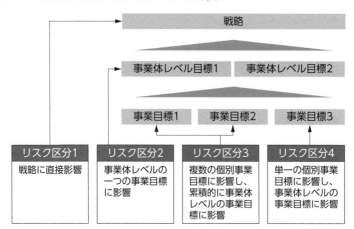

出所：「COSO・ERM2017」一部加工

②リスクの評価基準と優先順位付け

リスクの重大度を評価する際には，その測定基準の策定が不可欠となります。一般的に使われているのは，**影響度と発生可能性**という二次元

モデルをベースにしたリスクマップです。影響度とは，リスクが発現した場合の戦略および事業目標への影響の大きさのことです。営業利益に与える金額的な影響，ブランドやレピュテーションへの影響，営業停止処分などの行政指導や罰則の大きさなどを考慮に入れて検討することもあります。

発生可能性とは，リスクの発現する確率または頻度によって表現します。通常，事業目標の期間に合わせ，中長期目標であれば3～5年以内に発生する可能性の高さ，あるいは発生する可能性と発生しない可能性が同じ程度を中位とする5段階ないし3段階による定性的な表現が使われます。

定量的には，例えば，発生する可能性が80％程度，あるいは発生する頻度として，一定の期間内に何度発生するかといった表現が使われます。この評価は，情報を持っている人が行うことにより実態に合った評価が可能となるため，実際に当該リスクに直面する人，いわゆるリスクオーナーが行うことが効果的です。

最近では，重大度を判断する際に，この後のステップである優先順位付けやリスク対応を念頭に置いて，影響度と発生可能性の二次元モデルに加えて，**適応性**（リスクに対応し適応する事業体の能力），**持続性**（発現したリスクが影響を及ぼす期間や範囲）や，**速度**（発生してから影響が出るまでの時間），**複雑性**（リスクの相互依存性により影響を与えるシナリオが複雑化することで必要となる多面的な検討）などを加味して重大度を検討する事例が増えてきています。

リスクの重大度が判断できれば，「**原則12**」にあるように，続いて「**リスク対応選択の基礎として，リスクの優先順位付けを行う**」ことになるわけですが，その際に，限られた経営資源をリスク対応に投入することになりますので，費用対効果も意識してリスクの優先順位を決定することが大変重要となるわけです。

優先順位付けにおいては，事業体全体に対する影響度の大きいリスクや，重大度が同じでも速度と持続性が高いリスクの優先度を高めること

になるため，優先順位付けは複数の基準を適用して行うことが効果的です。

（8）リスクへの対応

　戦略および事業目標に影響を与えるリスクが識別され，重大度の評価や優先順位付けがなされると，「**原則13**」にあるように，いよいよ「**リスク対応を実施する**」ことになります。

①リスクへの5つの対応方法

　リスクの対応には，従来「COSO・ERM2004」で示されていた，「**受容**」「**回避**」，「**低減**」および「**共有**」という4つの対応に加え，「COSO・ERM2017」では，「**活用**」が加わっています。

　「受容」とは，リスクの重大度を変えるような追加対策の必要がない状況，つまり，リスクを受け入れたとしても，それは，既出の戦略策定で設定される「リスク選好」の範囲内であり，「リスクプロファイル」には大きく影響を与えるものではないケースということになります。

　これに対し，「活用」とは，より高く設定された目標を実現するため，より積極的な成長戦略の選択，業務拡大，新製品開発への追加投資を行うことなどを意味しています。したがって，リスクプロファイルは変化し，場合によっては，リスク選好も変えなくてはいけないこともあるでしょう。

　ここに「活用」が追加された背景を見ることができます。つまり，従来の保険リスクを背景としたリスクマネジメントでは，「活用」は通常，保険の対象外となると考えられることになり，戦略と事業目標達成のための事業リスクマネジメントとしてのERMを標榜するからには，経営実態に合わせて，経営者のより積極的な投資意欲に寄り添う形で，リスクの「活用」を対応の1つとして取り込んだものと言えるからです。

②全社的リスクマネジメントと内部統制の関係

　ここに，内部統制とリスクマネジメントが直接的に補完し合う最も重要なメッセージが示されています。「COSO・ERM2017」の「原則13」

を通して，ERMと内部統制のフレームワークである「COSO内部統制2013」全体がリンクしており，リスク対応の観点からは，端的に言えば，**内部統制とは，リスクへの5つの対応の中で，リスクの「低減」に貢献する仕組みである**ということなのです。残り4つの「受容，回避，共有，活用」という行為そのものは戦略としての意思決定であることから，経営陣が決定するものであるということになります。

「COSO内部統制2013」の「原則10」では，「組織は，内部統制の目的に対するリスクを許容可能な水準まで**低減**するのに役立つ統制活動を選択し，整備する」として，リスクと内部統制の関係を明らかにしていました。つまり，低減といっても，**経営者が設定する許容度（KPIなど）の範囲内に収めることが内部統制の役割である**としているのです。

図表5-12　リスクへの対応能力と成熟度

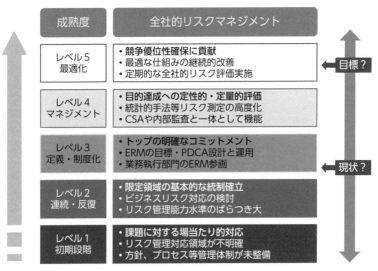

（9）全社的リスクマネジメントの継続的改善

①リスクへの対応能力と成熟度

　リスク対応は一時のタスクではなく，日々刻々と変化する内外の環境変化に対処していかなければなりません。「**原則15**」に「**重大な変化を評価する**」とあるように，戦略や事業目標の設定の前提条件や需要の変化，技術革新，新たな規制など様々な内部および外部の環境変化に注目する必要があります。一方で，「**原則16**」にある「**リスクとパフォーマンスをレビュー**」し，「**原則17**」にある「**全社的リスクマネジメントを改善**」していく上では，組織的なリスク対応能力への継続的な改善も大変重要となります。ここでは，**図表5-12**にあるように，対応能力の成熟度という考え方を紹介したいと思います。

　この成熟度モデルでは，初期段階（レベル1），連続・反復（レベル2），定義・制度化（レベル3），マネジメント（レベル4），最適化（レベル5）という5つのレベルがあります。

②レベル1：初期段階レベル

　初期段階レベルでは，英雄的な要素に依存し，制度・プロセスは存在せず，対応は場当たり的な状況です。どの組織にもあの人に任せれば大丈夫という"主"のような人がいます。大変有り難い存在ですが，見方を変えれば組織的な対応が不十分で，ポスト"英雄"が問題となります。

③レベル2：連続・反復レベル

　次に，**連続・反復レベル**では，"英雄"が実践していたベストプラクティスが部分的に認知継承され，社内で反復可能なプロセスが形成されていく状態です。共通言語がある程度醸成され，かつての"英雄"ほどではないにせよ相応の適任者も選任され，業務プロセス内容も定義され，初期のインフラ要素が出来上がってきている状態です。ただ，まだ決して安心できる状態ではありません。

④レベル3：定義・制度化レベル

定義・制度化レベルになると，トップの明確なコミットメントの下，制度対応に必要な方針・プロセスが定義されており，さらに単に整備されているということにとどまらず，整備されたプロセスが方針どおりに運用されているかどうかが，適切なモニタリングを通して確認されている状態です。その意味で，このレベルは決してやさしいレベルとは言えませんが，金融商品取引法のJ-SOXや，会社法の内部統制はこのレベルが達成できれば大丈夫ということになります。

⑤レベル4：マネジメントレベル

マネジメントレベルになると，リスクとリターンのトレードオフについての徹底的な討論がなされ，適切なKPIや厳密な測定方法等でパフォーマンスがモニタリングされている状況です。

このレベルの特徴は，戦略実行の組織的支援とモニタリングが自律的に行われる段階であり，経営戦略の実現の確からしさを経営者が仕組みとして時々刻々と体感できる状況と言えます。

⑥レベル5：最適化レベル

最後の**最適化レベル**とは，経営理念がグローバルに浸透し，適切なグローバル・グループの組織ガバナンスによって，アップサイド・ダウンサイド両面に焦点を当てたグローバルリスク戦略により，競争優位性が常に生み出される状況です。

スピード感を持って変化に対応しつつ戦略の実現をさらに確かなものとしていくことに貢献できる状態です。あらゆる変化の兆候を見逃さず，組織内の課題には自浄機能が働き，アップサイドのリスクすなわち新たな機会への挑戦が奨励・実行され，「知らないことを知らない」状態を改善するリスク感性と知見の共有が全組織で推進され，持続的成長をより確かなものにする状態と言えます。

この成熟度モデルを生かすには，自らの組織が現在どのような成熟度

あるいは対応能力にあるかを認識することから始めることになります。まず，戦略，プロセス，組織構造やKPIなど，それぞれの企業の経営のインフラストラクチャーなどの特性を反映した成熟度5段階の定義を設定することが必要となります。次に，いつまでに，どのレベルまでに改善していくかを決定し，現状とのギャップを特定し，その上で，ギャップ解消のためのアクションプランを策定し実行することになります。

レベル3までは主として報われないリスクへの対応であり，報われるリスクへの挑戦を続け，持続的成長を目指す上で望ましいのは，レベル4ないし5であることは言うまでもありません。

(10) リスク情報の伝達と報告

リスク情報は，テクノロジーの発展により，容易に検索可能な構造化されたデータのみならず，SNS等によるメールや動画，音声等の非構造化されたデータなどとの関連性も強まり，時折，ウェブサイトでの炎上が企業のレピュテーションに大きな影響を及ぼすことも珍しくなくなってきました。一方で，意思決定に利用可能なデータの範囲が拡大し，良い意味でも悪い意味でもデータ管理の重要性が高まってきています。

リスク情報はこのようなデータを基に管理判断されることから，「**原則18**」にある「**情報とテクノロジーを有効活用する**」には，データガバナンスの強化が喫緊の課題となってきています。また，「**原則19**」の「**リスク情報の伝達**」，「**原則20**」の「**リスク情報等の報告**」はステークホルダーに対して，ニーズに沿ったリスク情報の適時な伝達・報告を可能にする全社的な仕組みが必要となります。

第5章のまとめ

1. 不確実性が世界的に一層深まる中で,「勇気を持って試みること」を再度原点に戻って検討すべき時期に来ています。**「報われないリスク」**に加え,**「報われるリスク」**も対象に含め,果敢なリスクテイクを確実に推進する術であるERMを経営手法として検討する時期に来ています。

2. 「COSO・ERM2017」は,金融危機の反省もあり,戦略,リスク,パフォーマンスを単なる連携ではなく,一体となって統合し,価値向上を目指すことを提唱します。ERMとは,「価値の創造・維持・実現のために,リスクを考慮した戦略を遂行する上で大事なことは,カルチャー,実行能力,実践すること」として,ERMを経営そのものとしたのです。

3. **カルチャー**は,経営者や社員の行動・意思決定に反映され,意思決定は,利用可能な情報・判断力・能力・経験に基づいて行われるため,**リスクテイクやリスク回避**におけるカルチャーの在り方が大変重要となります。

4. リスクの識別では,既存リスクに加え,新たなリスクや,**"ゆでガエル"**にならないよう**エマージングリスク**をも意識することが大切です。

5. **「無知の知」**を念頭に置いて,「知らないことを自覚」し,さらに「知らないことを知らない」状態に陥ることなく,リスク感性を高め,謙虚な姿勢でリスクに立ち向かうことが大切です。

6. リスクの識別は情報を持っている人が行うことが原則ですが,ワークショップでの**合意形成**など,組合せを検討すべきです。

7. **リスクモデル**は,全社レベルでの**共通言語**とすることが有用です。

8. リスクの優先順位付けでは,**影響度と発生可能性**のみならず,**適応性,持続性,速度,複雑性**などを加味することが望まれます。

9. リスクへの対応では,**「受容,回避,低減,共有,活用」**の5つの対応策を十分検討することが大切です。内部統制の本質は,**経営者が設定する許容度の範囲内にリスクの発現を低減し抑える**ことにあります。

10. ERMの推進には,既存組織の役割分担の見直しが極めて重要です。

11. リスクへの対応能力では,**成熟度モデル**を活用して,必要な能力と現状とのギャップ対応が効果的です。J-SOXや会社法の内部統制において求められるのは**レベル3**ですが,戦略リスク,事業リスクへの対応能力として目指すは,**レベル4,レベル5**であることは言うまでもありません。

第6章

内部統制は
不正を撲滅できるか

□□ はじめに

　「うちの会社ではあんな不正は起こるはずがない」との声をよく聞きます。ただこれは思い込みかもしれず，どの組織でも不正は起こるとの前提に立つ必要があります。さらに不正が起こってから，これは想定外でしたとするのは説明責任を果たしているとは言えません。備えあれば憂いなしと言われるように，組織の健全な発展をグローバルに推進するには，不正への取組みを本格化させる時期に来ています。無論，性善説だけでは解決せず，かと言って必ずしも性悪説に立つ必要はなく，厳しさと優しさを備えた性弱説が有効かと思われます。

　不正と内部統制については，本書の中で何度か触れてきましたが，ここでは，不正リスクの観点から内部統制が果たす役割を整理したいと思います。

　第4章で，「COSO内部統制2013」原則8「不正リスクの評価」について簡単に触れました。原則8は，「組織は，内部統制の目的の達成に対するリスクの評価において，不正の可能性について検討する」ことを要請しています。既述のとおり，これは企業や組織が，内部統制が有効であると内外に公表するためには，**"不正リスクマネジメント"**への適切な対処が不可欠であると強調しているのです。

　つまり有効な内部統制においては，不正というリスクを識別し，違法行為，あるいは経営陣が設定する許容度の範囲を超えて不適切な行為が発生しないよう，その対応を具体的に進めることが求められているのです。

　わが国上場会社の不正に関連するリスクの認識については，第5章の**図表5-10**「リスク分類と上場会社の事業等のリスク分析」（3,644社，2019年3月末までに終了した年度を対象，プロティビティ社実施）にあるように，「従業員の不正（2,952社，81％）」，「過失（1,678社，46％）」，「広義のコンプライアンス（1,646社，45％）」，「第三者の不正（1,176社，

32％）」，「財務報告内部統制（314社，9％）」と多くの会社が不正に関連するリスクを認識し開示しています。

　ただ，"和"を大切にし，性善説を基盤にする日本社会にあって，不正を前提にした経営管理を行うこと自体が違和感を持って受け止められます。したがって，真正面から不正リスクに立ち向かい，不正リスク管理規程を取締役会にて承認し，不正リスク対応を全社的に展開している企業はまだ多くはないと推察されます。

　一方，会社法においては，不正リスクマネジメントの導入については，明示こそされていないものの，不正への対応は，取締役による内部統制システムの構築，運用，さらには，監査役等による監査や監視における善管注意義務の範囲であることは否定できないことから，特に大会社においては，実質的には「COSO内部統制2013」同様の義務があるとも言えるでしょう。つまり，不正が発生してから，聞いていなかったでは済まされない状況になってきているのです。

　では，不正リスクマネジメントはどのように導入していけば良いのでしょうか。不正を根絶することは不可能であるとしても，なんとしても破局的な不正は抑止し，発見し，失ったものを回復させることを可能とする必要最低限の仕組みは積極的に整備・運用していかなければなりません。

　近時の不正には，様々なタイプがあり，例えば，**不正な財務報告**（不適切な会計，粉飾等），**資産の不正な流用**（現金・商品等の横領，キックバック等），**情報の不正な使用**（インサイダー取引等），**コンプライアンス違反**（品質偽装，性能偽装，談合，検査不正等），**贈賄**などがあり，また，関与者は経営陣から社員，さらに取引先まで様々です。したがって，不正のタイプに合致する内部統制を工夫する必要があります。

　ところで，不正と並んでよく使われる言葉に，不祥事，不適切な会計，粉飾決算などがあります。不正とは何か，不祥事等とは何が違うのかなど，まず，不正に関する用語の定義から見ていきましょう。

01 不正，不祥事とは

『広辞苑（第七版）』によると，不正とは，「ただしくないこと。正義でないこと。よこしまなこと。」となっています。つまり，不正とは，様々な意味を持つ広範な概念で倫理観を示すものでもあり，不正な取引，不正な会計，不正な使用と言うように具体性を持った表現をよく見かけます。一方，不祥事とは，「関係者にとって不名誉で好ましくない事柄・事件。」となっています。その意味では，不正でも不祥事にはならないこともあるでしょうし，誤謬でも不祥事となることもあります。また粉飾とは，「実状を隠して見かけをよくすること。うわべをとりつくろうこと。」となっており，その意味では粉飾はまさに不正であると言えるでしょう。

また，法令違反の観点も含めて考えると，企業不正，企業不祥事，企業による法令違反などの用語がすべて同じ意味合いで使われているとは限らず，法令違反でなくとも，不正または不祥事であったりすることもあります。そこで，このように様々な意味合いを持つ不正について，むしろ明確に定義して対処しているケースを，公認会計士による財務諸表監査，「COSO内部統制2013」のフレームワークや，日本公認不正検査士協会（ACFE Japan）の調査などから，不正が具体的にどのように位置付けられているか見ていきましょう。

（1）公認会計士による財務諸表監査における不正の位置付けと経営者 の責任

公認会計士による財務諸表監査においては，不正とは，「**不当又は違法な利益を得るために他者を欺く行為を伴う，経営者，取締役等，監査役等，従業員又は第三者による意図的な行為**」（「監査基準委員会報告書240」）とされています。

財務諸表監査では，外部監査人は財務諸表の**重要な虚偽表示**を見逃さ

ないことが求められていますので,「監査における不正リスク対応基準」
(金融庁企業会計審議会監査部会,2013年)においても改めて強調され
ましたが,職業的懐疑心を持って監査に臨むことが義務付けられていま
す。この財務諸表の虚偽表示は**不正**または**誤謬**から生ずるとしており,
不正と誤謬の決定的な差異は,**意図の有無**としています。不正は,意図
を持って正しくないことを行うもので,誤謬は意図することなく結果と
してうっかり間違ってしまうこととされています。

したがって,誤謬によるうっかりミスは同僚や上司が気付くことはあ
るものの,不正は意図した行為であることから,特に共謀等が行われる
と社内でも外部監査人でも発見はより困難となることがあります。

また,財務諸表における重要な虚偽表示の原因となる不正には,**不正
な財務報告**(いわゆる粉飾決算など)と**資産の流用**があるとしています。
法令違反との関係においては,財務諸表監査は,会計処理に影響を及ぼ
す会計上の不正や粉飾などの違法行為を対象としており,会計処理に影
響を及ぼさない違法行為は監査の対象外となります。粉飾とは財務諸表
が実態と異なるものであることから,外部監査人としては,監査上の主
要な検討事項(KAM)の導入と合わせて,複雑化するビジネスモデル
や,ビジネスリスクを一層理解することが求められることになります。

無論,不正および誤謬の発見・対処は第一義的には経営者の責任であ
ることは言うまでもありません。先ほどの「監査における不正リスク対
応基準」は,外部監査人を対象としたものですが,当該基準制定の背景
となった不正事例が,経営者が長年深く関与した不正な会計処理であっ
たことを考えると,企業や関与した取締役等にも,罰則の強化など相応
の新たな規制をかけることも必要ではないかと思われます。

また,"不適切な会計"という表現を最近よく目にしますが,財務諸
表の重要な虚偽表示という観点からは,意図したものであるならばそれ
は不正であり粉飾とすべきです。本来の誤謬を一般的に不適切な会計と
表現することは理解できます。ただ,「担当者が損失を先送りすること
が違法なこととは考えていなかった」などという説明になると,これは

誤謬ではなく，「損失を先送りすることが違法ではない」という認識を持つ担当者への教育が不十分であることを示すとともに，会計に関する理解度の低さからは組織的な重過失とも言え，これは粉飾と表現するのが適切でしょう。

この後の文脈においては，不正は意図した行為として話を進めていきます。

（2）「COSO内部統制2013」および日本公認不正検査士協会（ACFE Japan）における不正の位置付け

「COSO内部統制2013」では，不正とは，不正および違法行為の結果，発生し得る**不正な報告（財務および非財務報告），資産の喪失の可能性（資産の横領等），ならびに，事業体の構成員および外部委託先による贈賄およびその他の違法行為**としています。

また，日本公認不正検査士協会では，「**職業上の不正**」として，「**雇用主のリソースもしくは資産を意図的に誤用または流用することを通じて私腹を肥やすために，自らの職業を利用すること**」と定義し，3つの主なカテゴリーとしては，「**資産の不正な流用**」，「**汚職**」，「**財務諸表不正**」と分類しており，「COSO内部統制2013」とほぼ同様の内容となっています。

不正の手口は，具体的には以下のように区分されています。

- **資産の不正な流用**：現金預金（手元現金・領収現金の窃盗，不正支出・架空請求・給与・経費精算など），棚卸資産その他の資産（不正使用，窃盗など）
- **汚職**：利益相反（購買・販売関連），贈収賄（不正なキックバック，不正入札），違法な謝礼，利益供与の強要
- **財務諸表不正**：純資産や収益の過大計上（計上時期の操作，架空収益，負債・費用の隠蔽，不適正な資産評価・情報開示），純資産や収益の過少計上（計上時期の操作，利益の過少計上，負債・費用の水増し，不適正な資産評価・情報開示）

　これらは日本でも発生するパターンですが，わが国では，最近，品質偽装や検査不正などの開示不正と言われる事案に加え，さらにスポーツの世界（相撲，レスリング，体操，学生アメリカンフットボールなど）でも不祥事が発生しています。このような不正や不祥事の背景には共通する背景や課題があると考えられるため，次にその要因を見ていきましょう。

02 不正，不祥事の要因

（1）不正のトライアングル

　不正が発生する要因としてよく取り上げられるのが，第4章でも簡単に触れましたが，ドナルド・R・クレッシーの理論を基礎にW・スティーブ・アルブレヒトが示した「不正のトライアングル」（図表6-1）です。不正は，「動機・プレッシャー」「機会」「姿勢・正当化」の3つの要因がそろったときに発生可能性が高まると言われています。もう少し詳しく見てみましょう。

図表6-1　不正のトライアングル

出所：W・スティーブ・アルブレヒトの不正のトライアングル理論を一部加工

動機・プレッシャーとは，不正を実際に行う際の心理的なきっかけのことです。金銭的な欲求や，処遇への不満などの個人的な理由，経営者からの過度なプレッシャー，過重なノルマや，業績悪化，株主からの圧力等の組織的な理由などにより，不正を行うインセンティブや動機がある状態です。妥当なプレッシャーは必要ですが，どの程度が妥当なのか，そのバランスをいかに取るかは，経営陣の姿勢が問われる分野です。

機会とは，不正を行おうとすればできる状態のことです。重要な業務を長年1人の担当者に任せて職務分掌が整備されていなかったり，必要な牽制，承認が行われていなかったりといった内部統制の不備が主な原因となります。

日本企業でよく見かける，情報の非対称性を悪用したり，優越的な地位を濫用したり，あるいは，ガバナンス不全による部門や子会社での不正・不祥事などでは，機会の存在が主な要因と言えます。

また，近時のガバナンス議論との関連では，例えば，取締役会や監査役等がその監督機能や監査機能を果たせなければ，すべてを執行陣の思惑どおりに進めていく機会を執行陣に提供することになりかねないということになります。

姿勢・正当化とは，不正を思いとどまらせるような倫理観，遵法精神が欠如しており，不正を正当化・許容する姿勢のことです。日本企業によく見られる，トップ暴走型，共同体死守型の不正・不祥事などが該当します。「会社のためなのだから何をやっても許される」と経営者や従業員が一線を越えてしまうような文化，企業風土や価値観などを指しています。

経営理念や社風がどの程度社員に浸透しているか，経営者は常に気を配る必要があります。

これらの3つの要因がそろうと，熱と酸素と燃料がそろうと火事になるという「炎のトライアングル」同様，不正の発生を防ぐことは困難となります。

（2）外部環境の変化

さらに，3つの内部要因のみならず，外部要因，文化や社会的慣習などにも目を向ける必要があります。

例えば，異常気象や，Brexit，米中貿易摩擦，テクノロジーの急速な発展，破壊的とも言われるビジネスモデルの変革，人材戦争や後継者問題などにおいて，かつて経験したことのない「新・不確実性の時代」とも言える時代が地球的規模で到来しています。ビジネスにおける不確実性の拡大は，確実に不正リスクを高めます。それは，経営陣のみならず組織の全社員やバリューチェーン上の取引先企業も含め，動機やプレッシャーに大きな影響を与えるからです。これが今，「不正リスクマネジメント」が要請される背景の1つになっています。

また，日本企業の組織文化の観点からは，日本企業の強さの根源でもあるムラ（企業全体あるいは事業部）を守るための掟が，時には法令規則よりも優先され，世間の常識から逸脱し，誤った形で正当化された「組織のための行動」が世間を騒がせる不適切な事案となったケースもあります。社内規範は，社会規範と同等かそれ以上の品格を持ち合わせておく必要があります。

（3）不正要因の特徴

また，欧米ではどちらかと言えば個人のインセンティブに係る不正をよく見かけます。例えば，米国において2016年に発覚した金融大手ウェルズ・ファーゴの事件はその一例と言えます。この事件では，口座開設数やクレジットカードの新規作成数を報酬の算定基準としたため，組織的なノルマ設定とあいまって，2011年から5年間にわたって，顧客に無断で開設された口座が数百万口座，無断で作成されたクレジットカードが56万枚，二重に加入させた自動車保険が57万件とされ，発覚後，解雇された社員は5,000人以上，当局に支払った制裁金は1億8500万ドルでした。

一方，わが国での不正の特徴は，業績へのプレッシャーなどを主因と

して，本人には金銭的な見返りのない中で会社のために行う不正，経営陣が私利私欲のために内部統制を無効化する不正，"ムラの掟"を背景とする共謀や忖度による不正，"トクサイ（特別採用）"などの不透明な取引慣行の実質的意味合いの変容による品質不備，などに表れています。

コラム⑦　なぜ海外子会社で不正が発生しやすいのか

　最近，日本企業の不正で目立つのは，海外子会社やJ-SOXの対象外の関係会社において発生する事案です。もともと，強さの源泉であるこのムラの論理や倫理感が，例えば，拡大する日本企業の海外展開においては周知徹底ができず，以心伝心の良さが現地法人のナショナルスタッフにも十分通用すると勘違いし，海外における人材育成を含め多くの経営課題を抱える事例をよく見かけます。

　これが海外でのM&Aに失敗する主因でもあり，海外子会社において発生する不正や不祥事は，不正の3つの要因がそろいやすい環境が原因にあると言えます。目に見えない規律による管理は国内外において限界に来ています。暗黙知を形式知化しなければならない分野と言えます。

（4）不正要因と内部統制

　従来，内部統制は，3つの要因の中でも特に「機会」をなくす上で有効であるとされてきました。それは主として内部統制の業務プロセスレベルでの話であって，内部統制は今や，企業理念や価値基準，倫理観などを包含する全社レベルの内部統制，いわゆる統制環境が最も重要な要素となっています。事業実態や重要な事業リスクに焦点を当てた内部統制の強化は，3つの要因すべてにとって欠くべからざる有効な対応策となる。

　続いて，日本公認会計士協会と日本公認不正検査士協会の最近の不正に係る調査結果を見ながら，不正撲滅に向けた対応策を検討していきましょう。

最近の不正の動向

（1）「上場会社等における会計不正の動向」（経営研究調査会研究資料第5
号，日本公認会計士協会2018年6月26日）

　この研究では，会計不正を主に「**粉飾決算**」と「**資産の流用**」に分類
し（粉飾決算とは，前述のとおり，実態とかけ離れた財務諸表における
虚偽表示のことです），2013年4月から2018年3月にかけて，各証券取
引所における適時開示制度等により，146社の上場会社等が公表した会
計不正の実態・動向を取りまとめたもの（誤謬のみを公表した上場会社
等は除く）で，公表日を基準として年度別の分類がなされたものです。

　2013年4月からの5年間において会計不正の発生を公表した上場会社等
は，概ね毎期30社前後で推移しています。不正の内容が判明するものを分
類すると，件数ベースでは5年間平均で77％が粉飾決算で，23％が資産の
流用となっており，粉飾決算の割合が多くなっています。粉飾決算の手口
としては，粉飾効果を出しやすいと思われる収益関連が47％，在庫の過大
計上や架空仕入等が32％となっています。また，会計不正の発覚経路とし
ては，全146社の会計不正のうち，25％が内部統制，16％が税務調査を含
む当局の調査，13％がそれぞれ内部通報と公認会計士監査となっています。
（なお，20％の会社が不正の発覚経路を開示していないとしています。）

　さらに注目すべきは次の2つの集計結果です。1つは，**単独か共謀か，
関与者が役員・管理職か非管理職か**ですが，**図表6-2**のマトリックス上の
件数で示されるように，役員・管理職が関与し，さらに外部・内部の共
謀の形が最も多くなっています。これは，同協会による2010年の前回調
査結果（「上場会社の不正調査に関する公表事例の分析」では調査対象日
本企業30社のうち7割が共謀事例であった）の傾向が今も続いているこ
とがわかります。加えて，2017年度と2018年度の直近の動向では，共謀
事例が7〜8割程度となっており，役員や管理職の不正をどう防ぐかに
加え，外部・内部の共謀をどう防ぐかが今後の重要な課題となっています。

図表 6-2　会計不正の関与者と共謀・単独不正の状況

	役員＋管理職	非管理職	合計
外部共謀＋内部共謀	56（外部17，内部39）	23	79（61％）
単独	19	31	50（39％）
合計	75（58％）	54（42％）	129（100％）

出所：経営研究調査会研究資料第5号（日本公認会計士協会2018年6月26日）一部加工

　もう1つの注目点は，**会計不正の発生場所**ですが，今回の調査対象146社のうち，発生場所が判明するものを分類した結果，自社が46％，国内子会社が36％，海外子会社が15％となっているものの，直近の2018年度においては，海外子会社の割合が50％近くに急上昇してきていることです。会計不正が発生した海外子会社の所在地国別では，中国と中国以外のアジアがそれぞれ41％と圧倒的にアジアが多く，ヨーロッパ，北米，オセアニアが続いています。M&A等でグループ入りした海外子会社への対策が急務となっている実態が現れてきています。国別に固有の対策と各国共通の対策を合わせて検討する必要があります。

（2）「職業上の不正と濫用に関する国民への報告書」（ACFE，2018年度版）

　この2018年度版の報告書では，2016年1月から2017年10月まで世界125か国で調査が行われた2,690件の「職業上の不正」を対象とし，不正の手口，発見手段，実行者の特徴などが整理されています。

　まず不正の手口ですが，前述の不正の分類に従って，件数的には資産の不正流用が89％，汚職が38％，財務諸表不正は10％となっており（複数にまたがる不正があり合計は100％を超えています），先ほどのわが国での不正件数の調査結果とは対照的な結果となっています。一方，金額的には，損失中央値では財務諸表不正が80万ドル，汚職は25万ドル，資産の不正流用では11万4000ドルと報告されています。

　なお，汚職に関しては，世界各国の腐敗や汚職を監視する非政府団体「トランスペアレンシー・インターナショナル（Transparency

International)」が公表した2019年版の「腐敗認識指数」（Corruption Perceptions Index 2019, 2020年1月23日）によると, 最もクリーンな国はデンマークとニュージーランドで, 日本は前年の18位から少しランクダウンして20位となっています。汚職は, 海外展開を推進する日本企業においても引き続き注視すべき分野であることに変わりはありません。

次に, 不正発見の手段ですが, 通報が40%, 内部監査が15%, マネジメントレビューが13%で, 外部監査は4%となっています。この傾向は, ACFEの2010年以降の調査結果でも同様となっており, 先ほどのわが国の状況とは異なりますが, **通報と内部監査の重要性**が引き続き強調されなければならないことを意味しています。通報者の内訳では, 従業員53%, 顧客21%, 匿名14%, 業者8%となっています。わが国でも, 通報者の保護や窓口などの整備が求められる一方, 内部監査についてはその位置付けをなお一層高めていく必要があると思われます。

最後に, 不正の実行者の属性ですが, 件数では, 従業員44%, 管理職34%, オーナー・役員が19%と報告されていますが, 金額的には, 損失中央値がそれぞれ, 5万ドル, 15万ドル, 85万ドルとなっており, 経営陣が関与する場合の金額的影響が大きくなっています。経営陣の関与について, 共謀を含めていかに抑止するかを世界共通テーマとして検討する必要があります。

04 不正を抑制し発見する ～5つのディフェンスラインの活用

第5章で, 3つのディフェンスライン（3線モデル）の紹介をしました。既述のとおり, 第1線は事業部門のマネジメント, プロセスオーナーであり, 事業リスクに直接対峙し, 必要な統制を実行し, 組織目標の達成可能性を高めます。第2線は, リスク管理部門やコンプライアンス部門などのコーポレート機能部門であり, 第1線を側面から支援するとともに, 監視機能を果たします。第3線は, 第1線, 第2線が機能して

いるかを，独立的な立場でレビューし，課題の識別，改善提言を行い，通常は内部監査部門が担当しています。

　この考え方には利点もありますが，株主始め外部のマルチステークホルダーの視点からは，より幅広い考え方をとることがふさわしいでしょう。そこでディフェンスラインとして，さらに重要な２つのラインである，「**企業の姿勢**」と「**経営者と取締役会（わが国では監査役等を含むガバナンス機関）のリスク監視機能**」を加えた５つのディフェンスラインという５線モデル（**図表6-3**）を活用することにより，企業価値向上を果たすと同時に，破局的な不正や不祥事を抑止，発見することにつなげることが可能となります。

　この５線モデルでは，３線モデルの３つのラインを第２線から第４線に組み替え，①企業の姿勢，②事業部門管理者・プロセスオーナー，③独立したリスク管理・コンプライアンス部門，④内部監査部門，そして，最後に⑤取締役会（わが国では監査役等を含むガバナンス機関）のリス

図表6-3　５つのディフェンスライン（５線モデル）

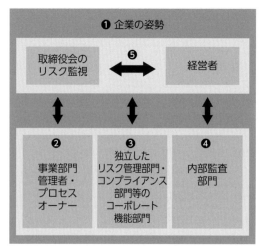

ク監視機能と経営者の健全な関係を配しています。

　ここでは，5線モデルのうち，第1線，第2線，第5線について，さらに詳しく見ていきます。

（1）企業の姿勢（第1線）

①トップの姿勢（Tone at the Top）

　企業の姿勢は，企業のカルチャーや風土に及ぼす影響が大きいことから，第1のディフェンスラインとなります。企業の姿勢はトップの姿勢に大いに依存することから，トップに求められるのは，高い倫理観，道徳観，そして高い志です。感謝の気持ちと利他の心を忘れたトップが率いる組織には必ず危機が迫ってくるということを，多くの不祥事の顛末が物語っています。

　トップは，「全構成員がリスクという機会と脅威に対して責任がある」ということを全組織に浸透させることで，適切な企業の姿勢を醸成していくことになります。また，トップの姿勢は，もちろん重要かつ決定的な意味を持つ基盤ですが，現実的には，いかに組織のトップがミッション，ビジョン，コアバリューや，倫理的行動へのコミットメントを伝えようとも，実際に現場で従業員の行動を動機付けるのは直属の上司から見聞きすることになります。したがって，経営陣と中間管理職とのコミュニケーションが極めて重要になってきます。組織が大きくなればなるほど，トップの姿勢をまずは中間管理職にしっかり伝え，さらに組織の末端まで浸透させる工夫が不可欠となります。

②"空気"の重要性

　さらに，組織内の風通しの良さや，"空気"がよどまないように，国内外の"たてよこ"のコミュニケーションには常に細心の注意を払う必要があります。"空気"は時として何ぴとも拒否できないほどのパワーを持つときがありますので要注意です。一部の企業では"空気"に関する先行指標を導入し，"空気"の内部監査も行われています。"空気"は

真剣に検討する価値があります。

③長寿企業の統制環境

　わが国では，長寿企業に代表されるように，自己の強みを際立たせる差異化戦略の徹底，「三方良し」や「社会の公器」に示される家訓という強い倫理観，ステークホルダーとの長期にわたる関係重視，お家を守るという継続企業への強烈な思い，相互扶助や共生きを重視する文化的背景が大切に引き継がれてきました。これが強烈な統制環境を形作り，独特の内部統制が長寿企業を支えてきているということを改めて思い起こすことが重要です。

　社風や価値観が確立され，新たな環境の下で適宜見直され，今後を生き抜く組織の基盤として，企業の姿勢を守り通していくことが，経営陣の不正を防ぐ防波堤になるのです。適切な企業の姿勢は，不正のトライアングルの「動機・プレッシャー」を適切に管理し，さらに誤った「姿勢・正当化」による不適切な行為を軽減することにつながります。

④節度あるプレッシャー

　組織的なプレッシャーを背景にした"チャレンジ"が問題視された事案もありましたが，チャレンジそのものは否定されるべきではないでしょう。「やってみなはれ」精神に代表されるように，挑戦することそのものは人類の永遠の課題として，奨励されるべき忘れてはならない行動規範です。

　問題は，バランスです。組織能力をはるかに超える目標を設定していないか，あるいは社員をそのような気持ちにさせる言動をリーダーが発信していないかどうか，組織のリーダーは常に自問自答をしなければなりません。経営者は，守るべき企業理念や社風の浸透については，終わりなき戦いであることを自覚する必要があります。

　トライアングルの1つでも解消できれば不正はかなり防ぐことができます。関与する人が上位であればあるほど，単独ではなく共謀行為であ

ればあるほど，内部統制の枠から外れれば外れるほど，金額的影響や質的影響（レピュテーションなど）は大きくなります。したがって，トップの姿勢，風通しの良さ，組織の対応能力に応じた内部統制の整備・運用が，不正撲滅の切り札になります。

（2）事業部門管理者・プロセスオーナー（第2線）
①全社的リスクマネジメントと不正リスク

　第2線を預かる部隊は，企業の姿勢に即して，リスクという機会と脅威を適切に管理する姿勢を構築しなければなりません。リスクオーナーとして，目的を設定し，リスクの洗い出しや対応を実施し，人材を教育しなければなりません。不正対応を効果的・効率的に進めるには，このプロセスの一環として不正リスクを検討することが鍵となります。

　不正のみに焦点を当てた不正リスク対応はうまく機能しません。受け入れる事業リスクの大きさや難しさを理解せずに，戦略の実現はあり得ません。さらに，事業リスクへの理解不足からくる過度なプレッシャーが不正や不祥事の温床となりかねず，戦略の実現がさらに遠のくかもしれません。したがって，事業リスクへの対応を進める中で，個々の企業やグループでの固有の不正リスクのシナリオも合わせて，効果的な内部統制を検討していくことが現実的な対応となります。第2線における不正リスク対応は，あくまで戦略実現のための前向きなプロセスの中で，適切なチャレンジを適切なプレッシャーの中で進めていくことが効果的です。

　不正リスク対応では，組織の"たてよこ"の風通しの良いコミュニケーションに配慮した取組みが必要になります。一役員，一部署，一担当者だけの課題ではありません。不正リスク対応を，戦略―リスク―内部統制の共通理解を通して，的確に縦糸，横糸の一部として織り込んでいくことが，実は手間がかかるようで最も効果的・効率的な手法となります。

　ビジネス環境の動きを適時に注視し，新たな機会を創出するビジネス戦略が統制環境に与える影響を評価し，不適切なプレッシャーや，内部

統制の脆弱性を常にウォッチする仕組みが必要となります。この仕組みこそが，第5章においてお話しした経営リスクや戦略リスクをもカバーするERMであり，この中に不正リスク対応を取り込んでいくことで，戦略実現と不正リスク対応のバランスを取ることが可能になるのです。

②リスクの網羅性と不正リスク対応のビルトイン

　事業リスクの洗い出しは網羅的に行うことが重要です。網羅性の確保は，想定外の事態を少しでも回避し，経営成果のブレを最小限にとどめると同時に，経営陣が意図しない意思決定によって不正や不祥事につながる可能性を軽減することが可能になるからです。

　不正リスクから組織を守るべく，頑健な仕組みを構築する過程で，個々の不正の特徴に合わせた不正の抑止と発見に係るコントロールを，事業リスク対応の一環として，しっかりとビルトインすることが大切です。

　不正リスクには，第1章の**図表1-4（15頁）**で示したパイプラインにあるように，抑止・牽制を織り込んだ効果的な予防統制と，変化への対応状況をリアルタイムでモニタリングし，異常を速やかに察知する効率的な発見回復統制を，内外の関係会社はもちろんのこと，さらには委託先やサプライチェーンを中心とする取引先までも巻き込みながら強化していくことが有効な対応策となります。

③KPIとKRIの活用

　経営管理を進める上で様々な閾値や主要業績指標（KPI）が設定されますが，その閾値やKPIは達成可能な範囲内に設定するとともに，進捗状況のモニタリングについて今まで以上に，適時性，透明性と客観性を確保する工夫が大切です。

　さらに，KPIのみならず，最近の特徴的な不正シナリオ（プロティビティ社の分析では，会計不正から資産流用や贈賄までその数1,000を超えています）に基づいて，最近の分析テクノロジーやAIを活用し，将来発生することの兆候を示す先行指標（KRI）により，何らかの異常や

異変を事前にリアルタイムで察知することが，戦略達成の確からしさを高めると同時に不正を抑止し，早期に発見することにつながります。がんや認知症などと同様，予防に加え早期発見が何事においても適切な対応につながります。

（3）取締役会のリスク監視と経営者（第5線）

　取締役会と経営者は最終ディフェンスラインとして，健全な緊張感の下，それぞれ異なる役割を担いますが，両者によるリーダーシップが機能しないと，いかに各種ディフェンスラインが整備されようと，組織のリスク対応能力は弱体化します。

　経営者は，取締役会の監視の下，事業部門管理者（第2線）とリスク管理などのコーポレート機能部門（第3線）の間によくある価値の創造と保全に係るコンフリクトについて，バランスを適切に取らなければなりません。そのために，リスク対応能力，内部統制に加えて，ガバナンス構造を適切に整備する必要があります。例えば，重要なリスク情報が新たに報告されたときは，適時に行動し，必要に応じて取締役会の関与を求めなくてはなりません。重大な問題が報告された場合に，経営者と取締役会のリスク監視機能は最終ディフェンスラインを構成します。

　一方，取締役会は，第3線のコーポレート機能および第4線の内部監査部門が，重要なリスク・コンプライアンス問題が顕在化した場合に取締役会への報告を実施することを妨げることがないように気を配らなければなりません。それには例えば，職能部門長や監査部門長との定期的な会議が役に立ちます。これらの活動が総じて企業の適切な姿勢を構築することにつながります。

第6章のまとめ

1. どの組織でも**不正は起こる**との前提に立つ必要があります。不正が起こってから，これは想定外とするのは説明責任を果たしているとは言えない時代となっています。**不正リスクへの本格的な対応**が求められています。

2. 不正や誤謬，粉飾，法令違反などの意味合いを改めて確認し，自社のどの機能が，どのような不正に，どこまで対応しているか，棚卸しを行い，現状を把握することがまず第一歩です。

3. 不正の要因として，「**動機・プレッシャー**」，「**機会**」，「**姿勢・正当化**」という**不正のトライアングル**を理解し，先ほどの現状把握結果をこの3つの要因で分析し，懸念事項を抽出することが次の一歩につながります。

4. 不正の種類や特徴等については，主な団体から公表される調査結果や新たな事例を参照し，自社や取引先での発生可能性を検討することも大切です。

5. 不正を抑止し発見するためには，不正だけのための管理ではなく，**インセンティブとプレッシャー**に焦点を当てた，全社的な事業リスクとの関連で想定されるシナリオを同時に検討し，必要なコントロールを全社的な内部統制の中にビルトインしていくことが効果的です。

6. 企業や組織の理念―ガバナンス―戦略―リスク―内部統制の共通理解を通して，重要な経営課題を"**マテリアリティ**"を全役職員が共有することが基本です。その上で，企業の姿勢と適切なガバナンス体制を念頭に置いた**5つのディフェンスライン**を軸に，為すべきことを為し，テクノロジーを含め為すべきことを正しい方法で為すことを検討することが最優先事項です。その中で，経営陣の不正や共謀などの対応が困難なケースなどを含め，情報の共有化を常日頃から推進し，**兆候管理**を導入し，不正への適切な対応を包含する形で，企業の理念や目的達成を考えていくことが大切です。

7. 結論として，不正および不祥事を撲滅することは可能です。そのためには，**何が最も大切なことなのか**，企業理念を中心として，組織として，個人として，日々同じ思いを強く共有し，風通し良く，良い空気の中でさらに長く持ち続ける工夫が必要です。

第7章

経営と三様監査
～内部統制を生かして
三様監査の質を高めるには

□□ はじめに

　企業経営において，執行経営陣が行うことは2つです。1つは，経営理念や目的に沿って戦略を策定・実行すること，もう1つは，戦略を成功させるため，社内ならびに取引先を含めて必要な内部統制を整備・運用・評価・報告することです。

　戦略そのものは内部統制ではありません。戦略を成功させる仕組みが内部統制です。選択した戦略に内在する可能性，いわゆる上振れ・下振れのリスクに応じて，その振れ幅を執行経営陣が設定する一定の範囲に収めるべく攻めと守りの内部統制が設計されます。したがって，戦略成功の確からしさは，企業の姿勢を含む内部統制の有効性にかかっていることになります。

　内部統制の有効性については，三様監査によって，合理的な保証が提供されます。したがって，三様監査の品質は，経営者にとって戦略の実現の確からしさを確保する上で大変重要な要素となります。

　さらに，ステークホルダーである株主や取引先，社員，さらに時には消費者を含めた社会全体からすれば，企業が効果的かつ効率的な経営を行っているかは大きな関心事となります。つまり，企業は行うべきことを行っているのか，また，行うべきことを適切な方法で行っているのか，提供される情報は正しいのかなど，ステークホルダーそれぞれの関心が寄せられることになります。

　そこで執行経営陣としては，戦略が企業理念を体現するものかどうか，企業目的を達成し価値創造につながるものかどうか，決算状況はどうなのか，重要な経営指標は計画どおりに達成できているのか，さらに，必要な内部統制が整備され運用されているのか等について具体的に説明を行うことになります。一方で，説明を受ける側からすると，執行経営陣による説明内容が本当に妥当なものなのかどうかは大変気になるところです。そこで，独立的な立場で，専門性をもって調査・判断し，時に社

内外において意見を表明する機能が求められてきました。この役割を果たすのが一般に**監査**と言われる機能と言えます。

監査には，**法的な監査**（例えば，会社法に基づく監査役・監査委員・監査等委員（以下，監査役等）による監査や，会社法および金融商品取引法に基づく公認会計士または監査法人（以下，公認会計士等），あるいは地方自治法に基づく監査委員および外部監査人による監査，その他の法令等において定められているもの等），**任意の監査**（例えば，コンプライアンスや品質管理などに関して取引先との契約で定められるもの等），ならびに，社内の内部監査部門による**内部監査**などがあります。

ここでは，この監査機能に焦点を当て，監査の本質，内部統制との関係，さらには，三様監査（監査役等による監査，公認会計士等による会計監査，内部監査）において，様々な監査が相互に連携することが期待される背景や連携の進め方などについて整理を試みたいと思います。

01 | 監査とは何か

監査という言葉は，今や市民権を得て社会にあまねく普及しています。しかしながら，そもそも監査とは何か，残念ながらその意味が十分に理解されていないのではないかと危惧される場面に時折遭遇します。そこで様々な監査の相互連携を議論する前に，まず，監査の具体的な意味合いを確認しておきましょう。

『広辞苑（第七版）』では，監査とは，「①監督し検査すること。②企業などの特定の行為，またはその行為を示す情報が適正か否かを，独立の第三者が一定の基準に基づいて検証し報告すること。内部監査と外部監査がある。」とあります。このように監査は大変幅広い概念ですが，ここでは主として，②の意味合いで使用し，事例としては，公認会計士等による会計監査を取り上げて監査の意味合いを見ていきます。

（1）監査の目的と対象

　監査には，監査の目的と対象があります。何のために，何を監査するのかということです。例えば，取締役のある行為が法令や定款に準拠したものなのかどうか，あるいは公表される情報は関連する基準に従って正しく作成されたものなのかどうか等に関して，何らかの一定の保証を提供することなどがあります。この場合，監査の対象はその行為であったり，その情報であったりということになります。

（2）誰が監査を行うのか～監査人に求められる資質

　監査を実施する際に，重要なことは，監査を行う人の**独立性**と**専門性**です。これは監査の本質からして当然のことと言えます。例えば，ある行為の当事者が，自らの行為が定款や法令に準拠しているとする本人の言葉に対して，本当に定款や法令に準拠しているかどうかについて，第三者が，独立した立場から一定の保証を提供することが監査ということになるからです。さらに，準拠しているかどうかを判断するには，この場合は，定款や法令に関する相応の専門性が必要となります。

　つまり独立性と専門性があって初めて監査が成立することになります。したがって，現在，監査と名の付く業務において，望ましい独立性と専門性がどの程度必要とされ，実際にどの程度確保されているかを常に見定めることが，監査として信頼できるものかを理解する上で大切なことなのです。

　独立性とは，監査する人が，例えば，監査を受ける人または組織から指揮命令を受けることがないとか，そもそも異なる組織に属していて利害関係がないとか，取引関係がないとか，近親者ではないとか，監査する人が，監査を実施する上で監査を受ける側から何らかの影響を受けることがないことを示すものです。

　公認会計士等の会計監査においては，監査人の職業倫理の１つとして，監査人は独立した第三者として監査意見を形成するため，監査の実施に当たって公正不偏の態度を保持し（精神的独立性），特定の利害関係を有さず，その疑いを招く外観を呈さない（外観的独立性）ことが強く要

求されています。"李下に冠を正さず"ということですが，具体的には，贈答・接待を受けないとか，監査とコンサルティングを同時に提供しないとか，監査の責任者は一定年度でローテーションするということなどを含め大変細かく定められています。

(3) 監査の基準

　次に，監査を特徴付けるのは監査を実施する上での監査の基準です。この監査の基準は，監査が提供する保証のレベルと関連します。つまり，要求される保証のレベルが高くなればなるほど，監査人が準拠する監査基準も相応のレベルでなければ期待される保証のレベルを確保することが難しくなります。

　例えば，金融商品取引法では，上場会社の財務諸表は，「特別の利害関係のない公認会計士又は監査法人の監査証明を受けなければならない」（金融商品取引法第193条の2）とし，一定の独立性と専門性を有する監査人の資質を明示するとともに，同1項に規定する財務諸表の「監査証明は，**内閣府令で定める基準及び手続**によって，これを行わなければならない」（同5項）として，監査基準を特定しています。

　その内閣府令とは，「**財務諸表等の監査証明に関する内閣府令**」のことで，同府令では，監査報告書は，「**一般に公正妥当と認められる監査に関する基準及び慣行**に従って実施された監査」の結果に基づいて作成されなければならないこと（同府令第3条2項），さらに，「**企業会計審議会**により公表された（中略）監査に関する基準は，前項に規定する一般に公正妥当と認められる監査に関する基準に該当する」こと（同府令第3条3項）とされています。これによって，企業会計審議会が設定する監査基準に法的な根拠が与えられていることになります。

　もう少し詳しく見てみますと，企業会計審議会が公表する監査基準は，**原則的なもの**に限定し，実務において利用される監査の実務規範としては，**日本公認会計士協会の実務指針**に委ねられています。この実務指針の中でも，**監査基準委員会報告書**は，その中核的な位置付けとなってお

り，国際会計士連盟（IFAC）に設置されている国際監査・保証基準審議会（IAASB）が設定する**国際監査基準**とほぼ同一の内容となっています。今や，財務諸表の監査におけるわが国における監査の基準は，企業会計審議会の監査基準と日本公認会計士協会の監査基準委員会報告書等と合わせて，グローバルな水準が確保されていると言えます。

なお，企業会計審議会が示す監査基準は，監査の目的，一般基準，実施基準，報告基準から構成され，令和元年度から早期適用が認められた，「監査上の主要な検討事項」（KAM）に関する改訂がなされたところです。この監査基準は，他の目的で監査を行うときにも適用可能な汎用性がありますので，三様監査を語る上で大変参考になりますので一読をお勧めします。

（4）監査が提供する保証とその水準

ある財務諸表に公認会計士等の監査意見が付されていると，その財務諸表がどの程度正しいかということはあまり気にせず，すべて正しいのだろうと認識し，安心して利用することができると考えるのが一般的かと思います。決して誤った認識ではありませんが，ただ，公認会計士等による会計監査の適正意見は，厳密には，必ずしも100％正しいことを保証しているわけではありません。

監査において，提供される保証の水準は，その保証を必要とする利用者側が期待する保証の水準と，保証を提供する監査人側の監査の品質，能力等によって決められることになります。例えば，公認会計士等による会計監査において提供される保証には，保証リスクの大きさによって，**合理的保証**（reasonable assurance）と**限定的保証**（limited assurance）があります。合理的保証とは，絶対的ではないが高い水準の保証のことで，財務諸表全体としての適正性に関して，監査人が自ら入手した証拠に基づき基準に照らして判断した結果を，「…をすべての重要な点において適正に表示しているものと認める。」という**積極的形式**により監査報告を行うものです。監査人による財務報告に係る内部統制監査の報告も積極的形式により意見表明されています。

　一方，限定的保証には，四半期財務諸表に対するレビューなどがありますが，合理的保証よりは低い水準の保証であり，監査結果は，「…の状況を適正に表示していないと信じさせる事項がすべての重要な点において認められなかった。」という**消極的形式**により監査報告を行うものです。

　この保証水準に関しては，合理的保証が提供する保証水準は，具体的には，80〜95％程度で，限定的保証が提供する保証水準は60〜80％程度と言われています（「わが国証明制度の多様化と保証水準の関係」『現代監査』No.15，松本祥尚，2005年，「The Determination and Communication of Levels of Assurance Other than High」IFAC（国際会計士連盟），2002年）。

　また，公認会計士等が行う業務には，監査やレビューではない証明業務もあり，例えば，契約において合意された手続きによる調査や，合併時のデューデリジェンス調査，ロイヤリティ契約におけるロイヤリティの計算に係る調査などがあり，提供される保証水準は双方が契約において合意することになるのですが，調査に当たっては，一般に公正妥当と認められた会計基準や監査技術などの専門性も必要になることが多く一定の保証水準が提供されることになります。

　どのような監査結果や調査結果を利用するにしても，監査報告や調査報告が提供する保証水準をよく理解しておく必要があります。

02 監査役等による監査

　監査役の制度は，1890年に公布された商法における監査役の導入から始まり，監査役は業務監査と会計監査の権限を付与されています。1950年には，一旦業務監査の権限が取締役会に付与され，監査役の権限は会計監査に限定されることになりますが，山陽特殊製鋼の事件などもあり，1974年に業務監査権限が監査役に復活します。

　その後，監査役の常勤監査役制度の導入，監査役の任期を4年に延長

するなど，一貫して監査役の権限は強化されてきています。そして，コーポレートガバナンス強化も念頭に置いて，2002年には，委員会設置会社（現在は，指名委員会等設置会社），さらに2015年に監査等委員会設置会社が導入されたことは，第2章で触れたとおりです。

（1）監査の目的と対象〜適法性と妥当性または相当性

業務監査の目的は，取締役の職務の執行を監査し，法令および定款の規定を遵守しているか否かについての監査を行うことであり，監査の対象は取締役の職務執行の行為となります。これが監査役監査を「**適法性監査**」とする背景であったわけですが，2006年の会社法改正を機に適法性監査の性格のみならず，「**妥当性監査**」または「**相当性監査**」と言われる性格への注目度も高くなってきています。

適法性あるいは，妥当性または相当性の議論は，監査の目的にもかかわることから，もう少し詳しく見てみましょう。妥当性または相当性監査の性格を示す具体例としては，監査役は，買収防衛策や内部統制システムの基本方針および運用状況の相当性を監査報告書に記載すること（会社法施行規則第129条1項5号・6号），株主代表訴訟制度において，株主による取締役への提訴請求に対して，取締役に責任があっても提訴しないとする妥当性判断を行う不提訴理由を通知すること（会社法第847条4項），会計監査人の報酬同意理由を妥当性の観点から事業報告に記載すること（会社法施行規則第126条2号）などがあります。

例えば，株主代表訴訟の不提訴理由通知書制度では，監査役は，株主からの取締役に対する提訴請求を受けて60日以内で調査し，訴えの提起の是非について検討を行った上で提訴しないと判断した場合に，株主から請求があったときには，不提訴理由を書面で通知しなければなりません。監査役が取締役の責任追及をしないという判断の中には，取締役の責任が認められるものの，訴訟コストとの比較を考慮して当該取締役の責任追及を行わないという視点からの判断もあり（会社法施行規則第218条3号），このような判断は，会社の政策的な内容を含むものであり，

妥当性判断そのものと言えます。

　また，具体的な法令・定款違反に該当しなくても，企業買収等の業務執行の結果，会社に多額の損害を生じさせた場合で，**経営判断の原則**が適用されなければ，つまり，事実認識に誤りがあり，必要十分な議論が尽くされていない場合等においては，取締役の善管注意義務違反となり得ます。したがって，監査役は，取締役の業務執行に対する判断過程や内容の合理性を見極めるために，**執行の二元性**とならないよう意識する中で，適切な質問を行うなど，妥当性の観点の意識も必要となります。

　一方，会計監査の目的は，計算書類およびその附属明細書を監査することです。会計監査人設置会社を除いて，計算関係書類が会社の財産・損益の状況を適正に表示しているかどうかなどについて監査しなければなりません。会計監査人設置会社では，会計監査はまずは会計監査人が実施し，監査役等は，会計監査人の監査の方法・結果の相当性を判断し，もし相当でないと認めた場合は，自ら監査した上で，その結果について監査報告書に記載することになります。

(2) 監査役の独立性と専門性

　大会社かつ公開会社であれば，監査役は3名以上必要で，かつ常勤の監査役が最低1名必要です。監査役は，株主総会の普通決議で選任されますが，監査役はその会社または子会社の取締役・会計参与・執行役・使用人を兼務することはできません。これは，監査をする者と監査をされる者が同一となるいわゆる"自己監査"においては，監査人の独立性が毀損され，監査の実効性に疑念が生じるからです。一方，監査役会は，その半数以上を社外監査役とすることになっており，独立性を担保する形を取っています。一部の会社では，監査役全員が，社外の独立役員から構成されているケースもあります。ただし，社内監査役については，社内からの常勤者の場合，選任は事実上，執行側の意向が強く働くことが多く，また，意見が対立するケースでは，解任とまではいかなくとも，再任はさせないなどの対応もあり得るため，独立性が損なわれることも

想定されます。したがって、監査役の選任は、報酬も含め、その決定には監査役会が主導権を握るなど、さらなる工夫が不可欠となっています。

専門性については、監査役は特段の資格要件が法定化されているわけではありません。監査役会に設置が義務付けられている常勤監査役はもともと執行側の役員あるいは使用人であることが多く、一定の高度な情報収集能力を期待することができます。また、コーポレートガバナンス・コードにおいては、「監査役には、適切な経験・能力及び必要な財務・会計・法務に関する知識を有する者が選任されるべきであり、特に、財務・会計に関する適切十分な知見を有している者が1名以上選任されるべきである。」(原則4-11) とあり、財務・会計に専門的な知識を有する者の選任も実際に進んでいます。

(3) 監査の基準

監査役等の監査の基準は法定化されているわけではありません。日本監査役協会が策定・公表している監査役監査基準がベストプラクティスを含み、各会社で策定が求められる固有の監査基準へのガイダンス、モデル基準として活用されています。

多くの基準の内容は法律で規定されていることを整理する一方で、監査役等の職務執行における善管注意義務に該当する蓋然性の大きさに基づく事項や、努力目標や行動指針など、実務的で具体的な内容を盛り込んでおり、個々の監査役、あるいは監査役会や監査(等)委員会で行うべき規範を整理したものとなっています。

また、多くの基準では、監視・検証、助言・勧告、会議への出席、意見の陳述、財産等の調査という具体的な監査の手続きの提示に加え、行為の差止めや同意権の行使など、監査役の権限に係る基準も含まれています。ただ、この基準を遵守していないことで法的責任を直ちに問われることにはならず、一方で、この基準を遵守していたからといって、責任を問われることはないとも言えず、各会社で十分工夫の上、固有の監査基準の策定と実際の運用に生かしていくことが肝要かと思います。

コラム⑧　監査役等監査が提供する保証水準

　監査役等の監査において，期待される保証の水準はどの程度と考えればいいのでしょうか。監査役等の監査が会社法に規定されていることから，法が期待する水準があります。それは監査の目的である，取締役の職務執行の適法性であり，妥当性であり，相当性ということになります。

　監査役等の監査報告書では，最初に，よって立つ監査基準に触れ，実施した監査の方法およびその内容について記載があり，続いて，監査の結果では，一般的には，次のようなパターンの意見の表明がなされています。

　①「事業報告についての…を正しく示しているものと認めます。」
　②「取締役の…不正行為又は…違反する重大な事実は認められません。」
　③「内部統制システムに…の内容は相当であると認めます。」
　④「当該内部統制システムに…について，指摘する事項は認められません。」
　⑤「会計監査人の…方法及び結果は相当であると認めます。」

　上記①③⑤の意見表明は「積極的な保証」の形態を取り，②④では，監査を実施した限りにおいては指摘する事項はないとする「消極的な保証」を提供する形態となっていると考えられます。いずれにおいても，監査役等の主体的な証明とも考えられ，実施する監査の方法や内容からすれば，この保証はまさに相当程度の水準を確保したものと言えるでしょう。

03　内部監査

　内部監査の歴史は，法定の外部監査や監査役等の監査よりは長く，経営者など組織の長のために課題の発見，改善を引き受けてきたという経緯があります。第5章で触れた3つのディフェンスライン（3線モデル）の第3線，あるいは第6章で触れた5線モデルの第4線として，内部監査の存在意義はかつてないほど世界的に高まっています。

最近，わが国でも，金融商品取引法における内部統制報告制度の導入，コーポレートガバナンスの強化や，攻めと守りの経営への貢献という観点から内部監査の見直しが進んでいます。経済産業省も，「不祥事事案では，（3線モデルにおける）第2線・第3線の独立性の欠如が指摘されており，第2線と第3線において人事・業績評価・予算配分等の権限を通じて親子間でタテ串をさし，第1線に対する牽制を働かせることが重要。」（経済産業省（2019年3月5日）「グループガバナンスについて（コーポレート・ガバナンス・システム研究会での検討）」）と，内部監査の重要性を指摘しています。

　日本内部監査協会では，内部監査とは，「組織体の経営目標の効果的な達成に役立つことを目的として，合法性と合理性の観点から公正かつ独立の立場で，ガバナンス・プロセス，リスクマネジメントおよびコントロールに関連する経営諸活動の遂行状況を，内部監査人としての規律遵守の態度をもって評価し，これに基づいて客観的意見を述べ，助言・勧告を行うアシュアランス業務，および特定の経営諸活動の支援を行うアドバイザリー業務である。」（日本内部監査協会「内部監査基準」（2014年改訂版）第1章内部監査の本質）としています。つまり，監査業務のみならず，社内でのコンサルティング業務も目指す動きとなってきています。

（1）内部監査の目的と対象

　内部監査の最大の目的は，企業の発展に最も有効な改善策を助言・勧告し，さらにその実現を支援することです。今や，企業不祥事は国内外で大きく取り沙汰される風潮があります。そのため，企業内部の抱えるリスクや問題点を早期に発見・解決する仕組みを構築しておく必要があります。監査対象は，重要リスクや個別の緊急案件や法令対応の確認などで，監査計画策定では，経営者や管掌役員の承認，監査役等の助言等を経て監査の重点方針や監査対象が決定されることになります。

（2）内部監査人の独立性と専門性

　内部監査の対象が，ガバナンス・プロセスや，重要リスクと対応するコントロールであれば，執行部隊のほとんどが監査を受けることになります。このような環境で独立性を確保するには，報告先が執行陣のみならず，ガバナンス機関である監査役等への報告が不可欠になってきます。

　なお，内部監査機能では，独立性に加え，客観性も大変重視しています。執行経営陣は，この2つの特性を確保し，内部監査のバリューを最大化できるよう工夫することが期待されています。

　専門性については，内部監査の国際的な資格である公認内部監査人（CIA）になることに加え，監査技術，コミュニケーション能力など，経営者の悩みに寄り添える力量とビジネスへの理解をより一層深めていくことが求められています。

（3）監査の基準と保証の水準

　日本内部監査協会は，内部監査基準を1960年に策定以降，改訂を重ねています。主な内容としては，「内部監査の本質」，「独立性と組織上の位置づけ」，「内部監査人の能力および正当な注意」，「品質管理」，「内部監査部門の運営」，「対象範囲」，「計画と実施」，「報告とフォローアップ」，「内部監査と法定監査との関係」などから構成されています。

　保証の水準は，内部監査の目的や対象，経営陣や監査役等からの期待と，内部監査人の独立性，客観性，能力によって決められることになります。最近は，デジタライゼーションが進み，高度な監査技術を要求される場面もあり，新たな技術獲得が不可欠な時代となってきています。

04 ┊ 三様監査の課題と内部統制

　三様監査は図に示すと**図表7-1**のようになります。

　それぞれの監査の意味合いを再確認したところで，**図表7-1**に示すⅠ

図表7-1　三様監査

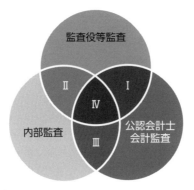

からⅣについて，そのポイントを整理したいと思います。まず，三様監査で最もその連携が議論されてきている監査役等と会計監査人の関係を取り上げます。

（1）監査役等と会計監査人
①会計監査人の独立性

　投資者の意思決定に資するため独立の立場から監査を行うべき会計監査人と，監査を受ける側の経営者とは，利益の相反が生じる可能性，いわゆる"インセンティブのねじれ"が生じ，それに対応すべく，監査役等が，株主総会に提出する会計監査人の選任・解任議案を決定することで一定の独立性を確保しています。ただ，会計監査人の報酬決定権は取締役にあり，監査役等は同意権にとどまっています。

　これについては，株式会社の政策の決定が二元化することの弊害と，業務執行に利害関係を有する経営者が当該執行について決定することの弊害とを衡量した考えが背景にあります。一方で，監査役等の職務がそもそも取締役の執行を監査するという会社法の趣旨からすると，相当性の保証が求められている会計監査を担当する会計監査人への報酬の決定

については，取締役の職務執行ではなく，監査役等の職務であり，したがって選任・解任議案決定に加え報酬決定権限も監査役等に属するものとし，さらに監査契約も監査役等が契約主体となるべきと考えます。予算の有無によって，そもそも大会社や公開会社の監査時間や報酬が異なることはあってはならないことです。

なお，コーポレートガバナンス・コードが，監査役等に対し「外部会計監査人候補を適切に選定し外部会計監査人を適切に評価するための基準の策定」（補充原則3-2①）を要請したことから，日本監査役協会は，「会計監査人の評価及び選定基準策定に関する監査役等の実務指針」（2017年10月13日）を改正しています。

会計監査人の選任に当たっては，複雑化するビジネス環境において，監査がリスク・アプローチを主体とし，監査担当のパートナークラスの一層の参画を得て，デジタル化などの効率化も含め，ビジネスリスクと監査リスクへの対応を適切に監査計画に盛り込めているかどうかをしっかりと吟味し，監査の実施状況を適時にモニタリングすることが今まで以上に重要となってきていることは言うまでもありません。

なお，KAMに係る会計監査人と監査役等との連携については，第8章でも触れます。

②監査役等の会計リテラシー

監査役等には，会計監査人の監査の方法と結果の相当性を判断する責務がありますが，監査役等に会計の専門知識が豊富なメンバーがいない場合には，監査役等は会計プロフェッションたる会計監査人との双方向でのコミュニケーションが難しいケースもあり，一方的に報告を聞く受け身的な関係に陥りやすくなります。

経済取引のほとんどが会計取引であることから，取引の実態，つまりリスクテイクとその報酬が，適切に会計仕訳として認識できているかどうかについては，事業運営に携わってきた経験豊富な監査役等がむしろ的確な判断ができる場面も多いと思われます。そこに，監査役等と会計

監査人の相互連携，あるいは相互補完の機会が出てきます。不正の兆候に関する議論なども含めてそれぞれの強みを生かす形で，適時なコミュニケーションの場を持つべきと考えます。

（2）監査役等と内部監査〜内部監査部門の組織的位置付け

　内部監査は法定監査ではないという意味で任意の位置付けでもあり，組織体制や監査内容は各社各様の状況となっています。また，内部監査と監査役等監査は同じ"社内"ということもあり，違いがなかなか理解されないこともあります。これは，内部監査部門の位置付けにも原因があります。

　従来，内部監査部門は経営者直属の独立組織とされることが多く，そのことが監査の被監査部門からの独立と監査の客観性の確保につながるものと考えられてきました。その後，J-SOXが導入され，経営者を含む統制環境の評価を内部監査部門が担うことも増えてきたため，経営者の活動も評価対象に入ってきています。

　さらにガバナンス強化の動きの中で，経営者からの独立性の議論も始まり，デュアルレポートライン，つまり執行経営陣である経営者と，ガバナンス機関である監査役等あるいは取締役会両方への報告体制の確立の必要性が議論されるようになってきています。

　では，内部監査部門の位置付けをどうすれば良いかについてですが，日本内部監査協会は，「内部監査部門は，組織上，最高経営者に直属し，職務上取締役会から指示を受け，同時に，取締役会および監査役（会）または監査委員会への報告経路を確保しなければならない。」（「内部監査基準」）としています。また，日本監査役協会では，「内部監査部門から監査役等への報告」，「内部監査部門への監査役等の指示・承認」，「内部監査部門長の人事への監査役等の関与」，「内部監査部門と監査役等との協力・協働」を提言しています（日本監査役協会監査法規委員会（2017年1月13日）「監査役等と内部監査部門との連携について」）。いずれの内容も，国際的な内部監査の慣行と軌を一にするもので，内部監査部門

の内部性に留意しつつ，一定の独立性，監査役等との連携を強く意識したものとなっています。

　ここにおいても，監査役等が非執行役員であることから，人事権などの執行権をどこまで確保できるのかという問題が出てきますが，会計監査人の報酬決定権同様，内部監査には監査役等の監査の一環としての性格もあり，内部監査部門の責任者の人事権についても監査役等に付与すべきと考えます。これにより不明確となりがちな内部監査部門の位置付けを改めて明確にすることにもつながります。

　なお，監査役等のスタッフが内部監査スタッフを兼務している会社に見られるように，効率的監査を実施するために，監査役等またはそのスタッフが内部監査部門と行動をともにして監査することは推奨されこそすれ，否定されるものではありません。

（3）会計監査人と内部監査〜内部監査結果への依拠

　会計監査人と内部監査の関係については，内部監査の監査結果を会計監査人が依拠できるかどうかが，両者連携の1つの大きなテーマとなっています。それは，事業リスクと関連する内部統制の評価などを共有することによって，依拠を通して，双方が切磋琢磨しながら監査品質を向上し，監査リスクを低減し，双方の異なる監査目的を達成していくことにつながることが大いに期待できるからです。

　日本公認会計士協会では，監査基準委員会報告書610「内部監査人の作業の利用」を改正し（2019年6月12日），依拠に関する指針を整理しています。また，同時に，監査基準委員会報告書315「企業及び企業環境の理解を通じた重要な虚偽表示リスクの識別と評価」も改正され，この2つの報告書を基に，リスク評価と内部監査結果への依拠を検討していくことになります。

　例えば，会計監査人は，監査証拠の入手に当たり，自らが実施する監査手続の種類もしくは時期を変更するか，または範囲を縮小するために，内部監査人の作業を利用できる場合があります。具体的には，リスク評

価手続等により，企業規模と企業の事業内容に見合った適切な内部監査体制が整備されており，かつ内部監査人が取締役会または監査役等に直接報告するように位置付けられていると考えられる場合，会計監査人は，当該企業の内部監査人の作業を利用できる可能性が高くなります。

そのような場合，会計監査人は，次の3項目を評価し依拠が可能かどうか判断します。①内部監査機能の組織上の位置付けならびに関連する方針および手続きにより確保されている，内部監査人の客観性の程度，②内部監査機能の能力の水準，③内部監査機能が，品質管理を含め，専門職としての規律ある姿勢と体系的な手法を適用しているかどうか，この3つを評価することになります。

この評価や判断について，会計監査人は，内部監査部門の責任者や管掌役員，場合によっては，経営者に対しても説明の場を持ち，会計監査と内部監査の連携の在り方について，一層の理解を求めることが重要です。内部監査部門の品質等を根拠に依拠ができないという判断を継続してきた会計監査人は残念ながら多いようですが，ガバナンス改革が進み，監査の透明性向上や監査報告の長文化が進展する中で，会計監査への理解を一層求め，財務諸表における虚偽表示や不正の兆候等に関して適切な対応を図る上でも，内部監査への依拠を真剣に検討する時期に来ています。

一方，内部監査部門としては，監査機能の高度化が大切となってきます。例えば，ESG/SDGsを含み，リスクマネジメントや業務プロセスを監査対象として，ガバナンス・プロセスの強化や不正対応に貢献するとともに，部員の強化育成に努めていく必要があります。内部監査結果については，適宜，会計監査人とのコミュニケーションを通して課題の共有化を進めていくことも大切です。

（4）三様監査の高度化に向けて

①アシュアランス・マップの活用
～誰がどのリスクに対する保証を提供しているのか

　執行経営陣としては，推進している戦略がどの程度進捗しているかは常に確認したいところです。意思決定に資する適切な情報は適時に執行経営陣に提供されるアシュアランス機能が必要になります。そこで，攻めと守りに関する施策それぞれに関して，役割分担や職務分掌を設定することになります。

　アシュアランスに関して，なすべきことができているかどうかを見極めるには，先ほどの5線モデルを活用することが効果的です。第1線の企業の姿勢を基盤にして，第2線の現場における自己点検，第3線のコーポレート機能部門による組織横断的な取組み，第4線の内部監査部門によるモニタリング，第5線の取締役会あるいは監査役等による監視・監督，さらに第6線ともいうべき外部の会計監査人による監査機能を含めて，アシュアランスという保証業務が，どの機能部門やどの部署によって確保できているかを確認する手段が大変役に立ちます。

　戦略における可能性，つまり上振れ・下振れのリスクの発現が，執行経営陣が設定する許容度の範囲内に収められているかどうかについて，つまり内部統制全体をアシュアランスの観点から俯瞰できるものがあれば，何ができていて何ができていないのか，誰が確認しているのか，漏れはないかなど，次の一手を検討する際に大変わかりやすくなります。

　具体的には，縦軸にリスク，横軸にリスク対応への保証提供者を並べ，保証水準（期待と実績）などを整理したものがアシュアランス・マップと言われるものです（**図表7-2**）。アシュアランス・マップと，部門におけるリスクの相関関係を色の濃淡で整理したヒートマップなどを合わせて検討することで，リスクオーナー間のコミュニケーションを促進し，各部署が全社のリスクにどのように向き合っているかが理解され，全社的な内部統制システムの強化や，リスクマネジメントの高度化につながり，戦略達成への確からしさを実感できることになります。アシュアラ

ンス・マップは，このように，"**合理的保証**"の輪を組織内に広げることに役立ちます。

　この全体を俯瞰するアシュアランス・マップにおいて，三様監査が現在どのように組み込まれているかを確認することができ，誰が何をすべきか，現在または未来を見据えてアシュアランスにおける役割の見直しをすることも可能になります。なお，アシュアランス・マップ作成に当たっては，リスクの特定と評価が不可欠です。リスクマップあるいはヒートマップなどを基にして，アシュアランス・マップの作成に進むことが効果的です。

図表 7-2　アシュアランス・マップのイメージ～責任の連鎖を可視化し，合理的保証の輪を広げる

三様監査

	経営者によるレビュー	各種委員会	取締役会	監査役等（事務局含）	外部監査人	内部監査人	ISO評価者	現在のアシュアランスレベル	将来のアシュアランスレベル
財務報告									
内部統制									
資金調達									
投資									
環境									
法務コンプライアンス									
IT									
リスクマネジメント									
不正									

高アシュアランス　　中アシュアランス　　低アシュアランス
アシュアランスがあるべき分野　　該当なし

②三様監査の連携強化〜共通分野でのコミュニケーション

　三様監査において共通するものと言えば，会社の経営理念であり，ガバナンスであり，戦略であり，そして，リスクであり，対応する内部統制ということになります。それぞれの監査において押さえるべきリスクと内部統制は，監査の目的に応じて異なる部分があるものの，全社的なリスクや全社的な内部統制など共通して理解しておくことが必要な分野もあります。ここに三様監査の連携が威力を発揮する可能性があります。

　最も望ましい形は，三者が集まって，リスクに関してワークショップなどを活用して協議する場を持つことです。この会議において，それぞれの立場で検討をしている事業リスク全般に関して共有し，その上で，それぞれの監査目的に応じた個別の重要なリスクを三者で共有することができれば，その後の二者間ないし三者間のコミュニケーションの基盤となります。

　ちなみに，第5章で触れましたが，「企業内容等の開示に関する内閣府令の一部を改正する内閣府令」（2019年1月31日公布）では，2020年3月期より，戦略および関連するリスクを，価値創造ストーリーの中で明示することになったことから，このようなリスクの識別の過程において，三者がその内容を一緒に議論することも現実的な進め方になるものと思います。共通分野の共有が三様監査の品質を高める上では最も近道であり，その意味では上記内閣府令への対応の中で，今年度はいい機会になるものと思います。

第7章のまとめ

1. 監査とは，「企業などの特定の行為，またはその行為を示す情報が適正か否かを，独立の第三者が一定の基準に基づいて検証し報告すること」であり，監査の目的，監査の対象，監査の基準，報告の在り方を含めた，系統だった大きな枠組みです。

2. 監査する人の**独立性と専門性**が，監査では必須条件であり，いかに確保できているかが監査の品質に影響を与えます。

3. 監査を実施する際に，確立された監査の基準を遵守するか否かは，監査を通じて提供される**保証水準**に大きな影響を与え，保証水準に応じて，**合理的保証**あるいは**限定的保証**の形態があります。

4. 監査役等の監査においては，近時の会社法改正により，**適法性**に加えて，**妥当性**または**相当性**も監査の目的になりつつあります。

5. 監査役等には，会計監査人の選任・解任議案の決定権のみならず，**報酬の決定権**も付与することが，会計監査人の独立性を確保するには不可欠と言えます。

6. ガバナンス強化が進む中で，**内部監査部門の独立性および客観性**を確保するには，組織内の位置付けを考慮し，監査責任者の人事には監査役等が関与すべきです。さらに報告ラインは，執行経営陣ならびに監査役等あるいは取締役会のガバナンス機関への**デュアルレポーティング**とすべきです。

7. 経営者および監査役等は，ガバナンス・プロセスを効果的に強化推進すべく，**内部監査機能の高度化**に一層力を注ぐことが求められています。

8. 会計監査人は，独立性を維持し，専門性を高める一方，内部監査の品質をよく吟味し，**内部監査結果に依拠**できるよう努力すべきです。

9. **三様監査の実効性**を高めるには，まず，組織内でどのような保証のニーズに対して，誰がどの程度の保証を提供しているのかを俯瞰するために，**アシュアランス・マップ**を活用すべきです。次に，その状況を見つつ，三様監査の当事者三者が集まって，リスクに関するワークショップ等を行い，不正リスクなど，三者を含めてどのリスク対応への保証を誰が担当することになるかを共有することが大切です。

第8章

コーポレートガバナンスと内部統制
～これからの内部統制の在り方とは

⬜⬜ ┊ はじめに

　本書もいよいよ最終章です。これまで，内部統制の本質や，法制度において期待される内部統制，さらに全社的リスクマネジメント（ERM）において戦略およびリスクと一体化する内部統制，また不正や三様監査における内部統制の役割などについて，整理を試みてきました。

　これは，前世紀末から今世紀初めにかけて発生した，巨大な損失事例，不正隠蔽・粉飾事例や，上場基準違反など，度重なる重大な企業不祥事に，会社法改正やJ-SOX導入などを通して，"守りの経営"における内部統制が広く世に認知されてきた歴史を振り返るものでもありました。

　一方，わが国では，バブル崩壊以降，"失われた四半世紀"を経て，企業業績は一部では回復しつつあるものの，経営効率や株価などは欧米に比しまだまだ相対的には低位にある状態です。そこで，「日本再興戦略」（改訂2014および改訂2015）では，**「稼ぐ力」**を取り戻し，資本効率を高めることが急務とされました。さらに急速に進展する**デジタルトランスフォーメーション**などの外部環境の変化に対処し，日本企業の競争力向上を図るべく，守りのみならず，**攻めの経営を志向するコーポレートガバナンス改革**が重要な柱として位置付けられました。

　"攻めのガバナンス"という考え方は，"守りのガバナンス"を主軸として改革を進めてきた諸外国には驚きをもって受け止められたわけですが，ここに，日本のガバナンス改革の特徴を見ることができます。改革はまさに各国の実情に沿って進めるべきとの視点も見えてきます。

　現在，わが国では，"形式から実質へ"を合言葉にガバナンス改革への努力が続けられています。そこでは，内部統制が透明・公正かつ迅速・果断な経営陣の意思決定を支える環境整備の1つとして捉えられていることから，わが国企業の内部統制は今後いかにあるべきかについて，コーポレートガバナンス（以下，ガバナンス）の基本的な考え方に触れながら，整理を試みたいと思います。

01 ガバナンス，ERMと内部統制の関係

　まず，よく話題になるガバナンス，ERMと内部統制の関係について，おさらいをしておきたいと思います。それはガバナンスの中にERMが，ERMの中に内部統制があるということです（**図表4-4**）。

　ガバナンスとは，会社が，株主をはじめステークホルダーの立場を踏まえ，企業理念実現に向けて的確な戦略を策定し，迅速・果断な意思決定を行う**経営者を支えるとともに律する仕組み**であることから，最上位に位置付けられます。

　次に，報われるか報われないか，という可能性の中から機会（攻め）と脅威（守り）を選択し，**期待される成果を実現する仕組み**，つまりERMがきます。

　最後に，選択された戦略の達成を**経営者が設定する許容度の範囲に収める仕組み**，つまり内部統制が位置付けられることになります。

　三者の共通点は**仕組み**ということであり，内部統制の品質は，仕組みとしてのガバナンスやERMをいかに構築するかにかかっています。

　この3つの仕組みを構築する際に，忘れてはならない，もう1つの重要な要素があります。それは，第6章，第7章で触れた5線モデル（**図表6-3**）の第1線である企業の理念，カルチャー，姿勢です。

　5線モデルの第5線において，執行経営陣たる経営者と，ガバニングボディ（ガバナンス機関）である取締役会が建設的で適度な緊張感のある対話関係を構築することが，ガバナンスの仕組み作りの第一歩となります。さらに，第2線である現場の執行部隊，第2線を支える第3線のコーポレート機能部隊，ならびに，保証とアドバイスを提供する第4線の内部監査部隊が続きます。この第2線から第5線を貫くのが，第1線である企業の姿勢ということになります。コーポレートガバナンス対応においては，企業の姿勢を常に念頭に置く必要があります。

02　ガバナンスの動向

　わが国においてガバナンス議論が最近活発になってきましたが，その背景を簡単に見ておきたいと思います。

　過去において，日本的なガバナンスとしてよく取り上げられてきたのは，間接金融を背景にしたメインバンクによるモニタリング，株式持ち合いによる株主安定化，終身雇用と労働組合を背景にした従業員の存在感の大きさなどがあります。さらに内部昇進の経営者が構成する取締役会では，リスクテイクにちゅうちょする前例踏襲・バランス重視型の社長が議長を務め，取締役会は実質的協議を行う経営会議での結論の追認の場となってきたものの，"伝統"の重みや旧経営陣などの"怖い人"の存在が規律を正していました。

　一般に，役員報酬は低く抑え，配当性向も抑える中で，富は次世代に継承することが社訓であり，退職金というインセンティブの下，一生，会社というムラに奉仕してきたのです。明らかに1億円以上のバリューを提供していると思われる場合においても，報酬開示をためらうばかりに，報酬を1億円ぎりぎりとするような役員報酬に対する考え方においては，業績連動や株価連動のインセンティブ的思考はまったくの異質の文化と捉えられてきました。

　しかし，このような経営スタイルだからこそ，日本は世界に冠たる長寿企業の国であり，今や"100年企業"は，3万3000社を超えると言われるサステナブルな企業を生み出す国となったことも忘れてはならないと思います。江戸時代に創業し長寿企業となった商家では，現実的にcontrolしたのは所有者ではなく経営者であり，所有と経営は分離ではなく，絶妙なバランスが図られていました。

　例えば，「大元方」という越後屋の経営で大成した三井家が創業者から相続した経営財産を9つの家で共同管理していくための仕組みがあります。今で言えばホールディングカンパニーのような存在ですが，9つ

の各家は財産の使用からの利益は「大元方」に納め，生活費は賄料として「大元方」から受け取り，また財産を勝手に処分することは許されず，次代に引き継ぐという持続性・サステナビリティが前提となっていました。「大元方」の方針決定には三井家一族も参加する一方，日常のcontrolは従業員に委ねられていました。また，船場でも取り入れられた入婿制度にあるように優秀な婿養子を迎えて家の存続を図ったり，「押し込め隠居」という，不心得な当主を先代や親族，番頭が強制的に隠居に追い込んだりする制度などもまさに有効なガバナンス機能として注目に値します。

　このように，日本ではビジネスの展開においては，所有と経営は分離ではなく絶妙なバランスを取って持続的成長を図ってきた流れが根幹にあります。したがって日本でガバナンスを語るとき，この長期的視点を抜きにした議論は空転することになります。現在，見直しや開示が進んでいるインセンティブ報酬も，その多寡よりも，報酬およびインセンティブ構造が，会社および株主の長期的利益と整合性が取れているかどうかがより重要となります。

　バブル崩壊以後，メインバンク制は消失し，株式持ち合いによる安定株主が引き続き確保される中，リーマンショックもあり，経営姿勢が「守り」に傾き続けた結果，"失われた四半世紀"の間に，低下した日本企業の「稼ぐ力」の弱さが大きな問題となってきたのです。これが，攻めのガバナンスが登場してくる背景となっています。

03 コーポレートガバナンス・コードの制定

ガバナンスには一般に以下のようなテーマがあります。
・会社は誰のものか
・取締役会において，リスクテイクとリスク回避をどのように協議すべきか

- 代理人たる経営者は委託者である株主の期待に応えるように行動するのか（エージェンシー問題，モラル・ハザード）
- 経営者が引き起こす不正や企業不祥事はどうやって防ぐのか
- 透明性を確保し情報の非対称性を解消するには，ステークホルダーとのコミュニケーションや開示はどうあるべきか
- 市場ガバナンスのみならずグループ全体の組織ガバナンスはどうあるべきか
- 経営者が企業価値向上を目指し全力を傾注するには，報酬を含めどのような制度がふさわしいのか
- 取締役会の役割や構成はいかにあるべきか

　資本主義社会が直面する“所有と経営の分離”がもたらす負の影響を軽減すべく，世界各地でガバナンスの原則あるいはコードが策定されてきました。

　日本のコーポレートガバナンス・コード（以下，CGコード）は，2015年に東京証券取引所より公表（2018年に改訂）されます。この背景にあるのが，経済協力開発機構（OECD）により制定されたコーポレート・ガバナンス原則（以下，OECD原則）です。

　OECD原則では，「**良いコーポレート・ガバナンスに単一モデルは存在しない。**」として，ガバナンスの**多様性**を強調しています。さらに，「コーポレート・ガバナンスは，会社経営陣，取締役会及び株主その他のステークホルダー間の一連の関係にかかわるもの」として，経営者と株主の単なる二極対立ではなく，**マルチステークホルダー**との関係が強調されています。

　また，2015年改訂OECD原則では，リーマンショック後の金融の安定化や，短期ではなく長期的視点に立った投資，透明性や説明責任が果たされる環境の中で，一層の成長と社会全体をサポートしていくという大変幅広い考え方を示したものとなっています。

　日本のCGコードでは，「『コーポレートガバナンス』とは，会社が，

株主をはじめ顧客・従業員・地域社会等の立場を踏まえた上で，透明・公正かつ迅速・果断な意思決定を行うための仕組みを意味する。」としています。政策保有株式などの日本のビジネス慣行にも焦点を当てながら，OECD原則との平仄を取っています。

このように，現在のガバナンス論議においては，会社の在り方をマルチステークホルダーの視点から捉え，ショートターミズムの欠点を克服し，企業の長期的発展を目指すことが，経営者にとっても株主にとっても共通の目的であるとしています。

04 ガバナンスにおける課題

（1）原則主義とComply or Explain～多様性の確保

CGコードにおいては，原則主義を背景にしたComply or Explainの方式が導入されています。これは，原則を実施しない場合はその理由を説明するということです。それぞれの企業の特質や価値観があるため，一律にすべての原則を実施するのは現実的ではないことから自然な対応と言えます。

「東証上場会社コーポレート・ガバナンス白書2019」（2019年5月，東証）では，2018年12月31日時点で，「市場第一部・第二部全体では，全78原則を実施しているとした会社は15.0％であり，CGコード改訂前に当たる2017年7月時点で全73原則を実施しているとした会社の比率が25.9％であったことを踏まえると，大きく低下」しているとしています。

これは，改訂CGコードが企業に一段踏み込んだ対応を求めるものであるため，従来の"実施"から"説明"に切り替えたものと思われます。特に，政策保有株式の縮減，後継者育成，任意の指名・報酬委員会の設置，取締役会の多様性等に関しては，固有の事情や代替手段等を理由として原則を実施しない企業が増加しています。

Comply or Explainの特徴は，固有の事情を説明するExplainにあり，

全原則の適用にプレッシャーがかかるような進め方をすべきではありません。「攻め」を意識するばかりに，ガバナンスの多様性を否定することはあってはならないことです。

コラム⑨ Apply and Explain

　キングレポートで有名な南アフリカでは，「コーポレート・ガバナンスに関するキングレポート」の第4版「King Ⅳ」を2016年に公表し，**Apply and Explain**（適用し，さらに説明せよ）を導入しています。原則数を従来の75から16に減らすとともに，機関投資家向けの原則を1つ追加し17原則としています。これは原則の内容を，より包括的なものとすることによって，必ずApplyしなければなりませんが，具体的な適用内容をExplainするという手法で，多様性を決して否定したものではありません。日本においても，78原則の個々の遵守状況を見るというよりは，多様性を尊重し，原則主義の精神にのっとった対応を検討する必要があるのではないでしょうか。

（2）ガバナンス改革と経営モデルの見直し

　デジタルトランスフォーメーションが急速に進む中，持続的成長には，イノベーションや事業ポートフォリオの見直しが不可欠になっています。

　GAFAに象徴される新たなビジネスモデルの急激な台頭とともに，AIや5Gがもたらす新たな機会と脅威に対処できる人材を確保するのは極めて困難とされる"人材戦争"が過熱化しています。さらに，働き方改革やダイバーシティが叫ばれる中で，終身雇用などの仕組みが，グローバル化を推進する中で果たして有効なのかどうかは不透明になっています。

　また，過去においては単一事業モデルの下，量の拡大を図る上で株式上場が資金調達として活用され，株式持ち合いによる株主の安定化が図

られてきました。そこでは株主による支配・所有という概念は希薄であったと思われます。今や，株主も含めマルチステークホルダーとの関係の在り方が問われており，従来型の"居心地の良い"経営モデルそのものを抜本的に見直す時期に来ています。

　近時のガバナンスの改革は，Comply or Explainへの単なる対応ではなく，会社の未来を見据える中で，急激な経営環境の変化に対処し，ビジネスモデルやポートフォリオをいかに変革していくかなど，"何を変えて何を変えないのか"を見極める―不易流行を改めて検討するきっかけと位置付けることが大切かと思います。

(3)"攻めのガバナンス"と取締役会

　"攻めのガバナンス"とは，持続的成長のための事業戦略の策定と実行を可能とすることです。事業戦略の巧拙は，事業ポートフォリオの組替えをいかに適時かつ適切に行えるかに依存し，それは執行経営陣によるリスクテイクに，監査役等を含む取締役会がどう向き合うかにかかっています。そこでは，先延ばし型や社内論理による意思決定からの脱却が必要です。経営判断の合理性を確保し，経営者を結果責任の追及から解放できるよう議論を尽くし，リスクテイクの促進を図ることが重要となってきます。

　また，取締役会では，リスクテイクの内容，つまり企業が取るべきリスク，回避すべきリスク，その状況を示す指標等について定期的な協議を持つことも重要です。さらに変容するビジネス環境の中で，組織全体としてのリスク対応能力と内部統制の品質に関して，継続的改善が進んでいるかをタイムリーに協議することも有用です。

(4) 組織ガバナンス

　昨今，日本企業は，「攻めの経営」の一環として，海外での企業買収を積極的に展開しています。ただ，多くの日本企業において，製造や販売などの事業軸では，本社直結の指示命令系統を整えることが多いので

すが，ITを含め，コーポレート機能におけるグローバル基準が未整備な状況となっています。

そこでは，買収先企業のインフラに依存することが多く，モニタリングも十分ではないことから，経営の不効率さのみならず新たな不正・不祥事の原因となっているケースが大変多くなっています。さらに，事業軸のみならず，地域軸においても異なる経営インフラを持つこともあり，複雑なマトリックス経営が，効率性や透明性も含め，組織ガバナンス上，極めて大きなディスアドバンテージを抱えているケースも多くなっています。

ガバナンスの在り方がグローバルに進展していることもあり，例えば優秀な人材を確保すべく適切なインセンティブに配慮した人事考課基準の整備や，各国の法制度へのコンプライアンス状況を本社において適時に確保する上でも，全社的な内部統制に係るグローバル基準を整備・運用し，評価・報告していくことが喫緊の課題となっています。

（5）監査役等とガバナンス改革～KAMや「開示府令」を踏まえて

日本の監査役等の制度は，第2章でも触れたように監査役（会）設置会社，監査等委員会設置会社に指名委員会等設置会社の選択肢があり，世界に類を見ない柔軟な機関設計が可能となっています。日本の多様性を尊重する精神を表したものと理解しています。

①監査等委員会設置会社の課題

監査等委員会設置会社へ移行した会社は，2019年6月末時点で1,027社と1,000社を超え，指名委員会等設置会社は78社となったとのことです（三井住友信託銀行調べ，『日本経済新聞（電子版）』7月13日）。この監査等委員会型への移行は，「攻めのガバナンス」の流れの中で，成長戦略を推進するために迅速な意思決定を支えるべく，モニタリング型取締役会の推進ということから推奨されてきたものと説明されることが多いようです。一方，複数の社外取締役を選任すべきとのCGコードを

遵守せんがための社外監査役の「横滑り」を意図したものであるとの批判も根強くあります。そもそも取締役や監査役等の資質については，その適格性や専門性および独立性が不可欠となっていますので，選任の際には十分な検討と情報開示が必要となります。

　また，移行によってガバナンス改革の実効性を高めるには，定時株主総会において，監査等委員会による「取締役の選任等及び報酬に関する意見陳述権」の行使については，監査等委員会の意見によって執行経営陣の指名・報酬に関する判断が変更された場合にはその旨を開示したり，また，取締役の利益相反取引について監査等委員会が事前承認手続を行ったりした場合もその旨を開示するなどの工夫が必要でしょう。2020年3月期決算から有価証券報告書の記載事項として，監査等委員会の活動状況も開示されることになりますが，有価証券報告書の総会前提出を前提として，上記の開示も，その一環として記載するなどの工夫により，株主による監査等委員の再任の判断情報を提供することも工夫の1つです。この点，指名委員会等設置会社の監査委員会委員は取締役会が選定・解職することになりますので，監査等委員会とは状況が異なることに注意が必要です。

②独任制と監査役等による監査

　監査役と監査(等)委員会との大きな相違は，監査役はたとえ1人でも必要と考える監査手続が実施できる独任制なのに対して，監査(等)委員会は合議制である点です。独任制には監査役が独走するリスクがあるものの，監査役それぞれの考え方や少数意見も尊重されています。ただ，適法性の判断そのものは，そもそも独任制または合議制うんぬんの問題ではないと感じています。

　また，監査(等)委員会での監査は組織的監査が原則といっても，違法行為差止請求権は個々の監査(等)委員に付与されており，また違法行為を見つけたときの取締役会に対する報告義務も個々の監査(等)委員に付与されています。第7章でも触れたように，3つの機関設計いかんにか

かわらず，監査役等は内部統制システムに依拠して監査を進めることから，監査役等に求められる基本部分は変わるものではなく，これはまた監査報告書で提供する保証内容が同じであることからも確認できます。

　今後，監査役(会)設置会社で検討すべきは，会計監査人および内部監査部門との連携を一層強化するとともに，監査役会の議長を社外監査役から選出することです。同様に，監査等委員会における議長も社外メンバーから選出することを検討することが望まれます。無論，監査役等の適格性や専門性を考える場合，社内出身者の監査役等の存在が極めて重要であることに変わりはないと考えます。

③KAMの導入と「開示府令」改正〜監査役等の観点から
(i) KAMの始動
　2019年2月27日，日本公認会計士協会より，「『監査基準の改訂に関する意見書』に対応する監査基準委員会報告書701『独立監査人の監査報告書における監査上の主要な検討事項の報告』等の公表について」が公表され，いよいよKAM，いわゆる監査リスクと対応監査手続の監査報告書への記載が始まります。早期適用の会社では2020年3月期から導入されることになります。

(ii) リスク情報の開示とKAM〜改正「開示府令」と「開示原則」
　2019年1月31日，「企業内容等の開示に関する内閣府令」（以下，「開示府令」）が改正され，監査役等の活動状況が有価証券報告書に記載されることになり，さらに2019年3月19日に金融庁より公表された「記述情報の開示に関する原則」（以下，「開示原則」）では，2020年3月31日以後終了年度から，「開示府令」が要請する具体的な記載内容が示され，事業戦略との関連やマテリアリティを意識した重要なリスク情報などの開示が一層詳しく求められることになりました。

　一方，KAMは，すべての重要なビジネスリスクを対象とするわけではなく，あくまでも，「財務諸表の監査の過程で監査役等と協議した事

項のうち，職業的専門家として当該監査において特に重要であると判断した事項」（下線は筆者）に限定されることになります。しかしながら，監査リスクの絞り込みは，事業リスクの全容からスタートすべきであり，その際，「開示府令」や「開示原則」において検討されることになるリスクプロファイルをしっかり認識することから始めることになります。

　KAMに関する打合せにおいて，KAMの候補から説明し始める会計監査人がいるとすれば，「ビジネスリスクはどう見ていますか」という質問を投げかけるべきかと思います。ビジネスリスクを理解せずして，監査リスクの特定や絞り込みはあり得ません。このようにKAM検討の初期段階から，監査役等との協働作業が始まることになります。

(ⅲ) 監査役等とKAM

　監査役等は，企業の価値創造ストーリーの策定においては，取締役会等において戦略策定やリスクテイク状況を議論する機会があることから，会計監査人の監査リスクの絞り込みに相応の助言などが期待されるところです。ただ，その際に注意しなければならないのは，監査役等として執行経営陣とのコミュニケーションを密にしておく必要があるということです。執行経営陣，監査役等，会計監査人三者一体となった情報共有が大切です。

　なお，KAMは通常，J-SOXにおける評価対象として，経営者評価の中で取り上げられることも多くなると想定されます。当然，すでに関連する内部統制は整備，運用され，過去において不備はないとされたものも多いと思われます。ただ，KAMを含め，その他の監査リスクに関連する内部統制の状況や，監査実施状況については，定期的な会合等で双方から適時にアップデートしておくことも有用でしょう。

　また，いわゆる機微情報，つまり開示されていない，あるいは執行経営陣としては開示したくない情報にかかわる項目をKAMとすることを監査役等と会計監査人が合意するという事態もあり得ます。その場合には，MD&A等，財務諸表以外の適切な場所への記載とすることもあり

得ますので，まず執行経営陣とよく協議をして説得する努力が必要となります。ただ，競争上，不利となり得るような項目については慎重に判断する必要があります。

結果として，開示しないこととなった場合でも，このような議論やプロセスを，今年度から適用となる有価証券報告書に記載される監査役等の活動の一部として開示することも検討が必要になるかと思います。

(ⅳ) KAMの開示

最後に，KAMの開示時期ですが，現時点では，金融商品取引法の下で開示されるKAMが会社法の事業報告等では開示されないことから，株主総会後に有価証券報告書において株主が初めて目にすることが問題となっています。これについては，議決権行使の基準日や配当受領権の基準日を，決算期の末日に一致させてきたことに理由があるとの従前からの指摘に対して，基準日を決算日以降とするか，有価証券報告書を株主総会の前に提出するかの選択により，有用なKAM情報を株主総会までに株主に提示することが可能となります。これは制度上の課題でもありますが，企業側の課題でもあります。

現在，事業報告等と有価証券報告書の一体的開示の検討が進んでいますが，せっかく監査の透明性やガバナンス改革の一環として，KAMを導入し，監査の信頼性向上，対話の促進，コミュニケーションの深化・充実により，ガバナンスの強化を図るというのであれば，その価値を最大限に生かすべきと思います。

05 今後の内部統制の在り方

これまでの検討を踏まえて，今後の内部統制の在り方について整理を試みたいと思います。

（1）企業の姿勢や社風を再度見つめる

　内部統制の根幹は，企業の姿勢，つまり取締役会，執行経営陣，従業員，取引先などの姿勢や社風にあります。ミッション，ビジョン，コアバリューがしっかりと定義され，戦略策定に盛り込まれ，また日々の行動に織り込まれ，さらに適切なモニタリングがなされていることが大前提となります。

（2）攻めと守りの経営バランス

　現在，攻めのガバナンスの強化は必要とされていますが，守りのガバナンスとのバランスが取れているかどうか，常に見定めることが必要です。戦略に基づく資源配分の方針は，攻めと守りの経営を支える内部統制の在り方に大いに影響します。

（3）ガバナンス改革とJ-SOXの今後の方向性

①ガバナンス改革と内部統制の連携強化

　近時の重大な不正や不祥事が，内部統制の限界とされる経営者による無効化によって引き起こされることが多いことから，この限界を克服すべく，経営者を監視・監督する機能が有効に働いているかを確認し，必要に応じて強化，見直しを検討することが大切です。

　そのためには，取締役会の機能の在り方，社外役員を含む取締役と監査役等の適格性・専門性・独立性や，適切な役員報酬制度がそれぞれの企業の実情に沿ってしっかりと確保され，本来期待される役割が果たせるよう工夫していくことが不可欠です。また，三様監査の連携強化も進め，内部監査部門長の人事に関しては，監査役等も深く関与すべきです。

　このガバナンス改革の状況を見極めつつ，経営者は，「開示府令」や「開示原則」からくるビジネスリスクに基づいて，J-SOX実施基準にある"3勘定"や"数値基準"の枠などにとらわれず，マテリアリティに基づく全方位的な内部統制評価を実施することが考えられます。これは決してさほどの追加作業にはならず，むしろ重要なリスクに焦点を当てた対応

が期待できることから，経営者にとっては有用な情報提供となり得ます。これに加えてJ-SOXに係る会計監査人の監査をレビューに移行するなどの工夫も検討する価値があるものと思われます。

②さらに効率性を高める～業務プロセスなどの見直し

　業務プロセスの内部統制などからは，開示すべき重要な不備がほとんど報告されておらず，また不正や不祥事の原因となることが相対的に低いことから，J-SOX導入以来10年を経て，効率化の道筋を探るため実態を調査すべきと考えます。また，インダイレクト方式とはいえかなり踏み込んだ形となっている現在の外部監査による影響も見つつ，過剰対応となっていないか，数値のガイドラインの撤廃や細則主義的なアプローチから原則主義的アプローチへと，制度設計の在り方も含め，本来のトップダウン・リスクアプローチが機能するように，有効性と効率性を追求する道筋を示すことが必要な時期に来ています。

③会社法の内部統制システムとJ-SOX等との統合

　会社法の内部統制システムの整備・運用に関する仕組みとJ-SOXの進め方の統合を目指し，内部統制全体に対する有効性をいかに確保するかを一体として検討し，コストベネフィットを追求することが重要と考えます。事業報告等と有価証券報告書の一体的開示の検討が進む中，内部統制システムの面でも，原則主義に基づき，攻めと守り両面から企業価値の向上に資するよう両者の連携・統合を図っていくべきではないかと思います。

　この統合により，ISO認証，ESG/SDGsや統合報告への対応などにも活用できるよう工夫することも，内部統制の効率化に極めて重要なインパクトをもたらすものと思われます。規制の目的に沿った内部統制があるわけではなく，1つしかない内部統制の根幹の部分を共有し一体化することによって，様々な取組みにおける効率化が実現できることになるからです。

④内部統制報告書の訂正

　J-SOXはそもそも，早期警戒システムとしての機能が最も重要とされていました。過去の不備を原因として，内部統制報告書の訂正報告書が引き続き提出されていますが，これに対しては相応のペナルティは無論ですが，さらに外部監査人も過去に高い保証レベルの監査意見を提出していることから，少なくとも再監査やレビューなどを検討すべきと考えます。

（4）リスクテイクのための内部統制の高度化

　欧米では，リスクを取るためにリスクマネジメントが運営され，過剰なリスクテイクを抑えるためにガバナンス改革が進んでいます。一方，日本では，リスク回避のためにリスクマネジメントが利用され，リスクを取るためにガバナンス改革が進むという逆の動きになってきています。したがって，日本でリスクテイクを進めるには，リスクマネジメントと内部統制の高度化が不可欠となっていることを忘れてはなりません。

第8章のまとめ

1. **企業理念，ガバナンス，戦略，リスク，内部統制**は切っても切れない密接な関係にあります。ガバナンス，ERM，内部統制は，仕組みあるいはプロセスと定義することが国際的にも定着してきています。何のための仕組みあるいはプロセスかと言えば，それは企業の理念の達成や戦略の実現を支え，株主のみならず，顧客・従業員・地域社会等それぞれからの期待に応えるための仕組みやプロセスなのです。この3つの仕組みの適切性1つ欠けても経営は成り立ちません。

2. それぞれの企業や組織の特徴を考慮した独自の仕組みを構築することが重要です。法的な規制や証券取引所の規制は最低限の要請であり，その趣旨を踏まえて個々に対応し，決して**Pass or Fail**という画一的な対応に陥ることのないようにしなければなりません。

3. 内部統制は，**全組織の共通言語**であり，経営者や従業員1人ひとりの姿勢そのものです。内部統制に完璧はあり得ず，日々改善を求められています。われわれは常に問われています。「明日のリスクはしっかりと見えていますか？」と。

4. 本書において何度か触れましたが，ガバナンスにしても，ERMにしても，内部統制にしても，結局は，企業理念と経営者の姿勢に戻ってきます。経営者の想いを理解することが，最終決断を常に迫られる"孤独な"経営者の**果敢な挑戦**を支える**明日の内部統制**の強化に大きくつながります。

あとがき

　公認会計士として，27年間，会計監査に携わりましたが，監査人として最もつらいと感じたのは，関与企業が破綻・倒産したときでした。「なぜ」という所在のない暗澹たる気持ちに重なるように打ち寄せる，監査人として，「何か」できなかったのかという忸怩たる思いは今でも消えることはありません。

　監査人として自分は「何」をすべきだったのだろうかという点では，いくつもの思いが浮かんできました。破綻・倒産を防ぐには至らなかったかもしれませんが，手遅れになる前に早くアクションを起こしておけばという気持ちは拭い去ることはできません。ただ，関与企業の経営にはタッチしないという独立性を生命線とする外部監査人の立場には明らかに限界があり，会計処理の妥当性や適切性を経営者に訴えること以上の，次の一手にためらいを感じていたことも事実です。

　このジレンマは，企業が破綻・倒産せず，持続的に成長していくというゴーイング・コンサーン（継続企業の前提）を監査する立場から，持続的な成長そのもの，つまりゴーイング・コンサーンそのものを支援するコンサルティングに特化していきたいという筆者の思いを後押しすることになりました。これが現在の仕事につながっています。

　企業が「なぜ」破綻・倒産するのかについてはなかなか確たる思いを持てなかったのですが，長年コンサルティングを重ねる中で，最近ようやくその答えが見えてきました。

　本書は，その答えについて，経営理念，ガバナンス，戦略，リスク，内部統制という図式の中で，主として，内部統制に焦点を当てて整理を試みたものです。経営理念を実現すべく，その任にふさわしい経営執行陣を選任し，的確な戦略の策定，選択と実行を促す仕組みがガバナンスです。適切なガバナンスの下で，経営執行陣によって，戦略が策定，選

択，実行されます。その戦略の前提である仮説や，アップサイド，ダウンサイド双方の可能性（リスク）を整理・分析して，戦略の達成・実現をより確かなものとする仕組みが，全社的リスクマネジメント（ERM）です。

　そして，戦略の達成・実現の可能性を最大限にするために，リスク（可能性）のマテリアリティ（重要性）に応じて，経営者によって整備・運用・評価される仕組みが内部統制ということなのです。

　本書では，この5つの視点から，内部統制の在り方をハイライトし，持続的企業論の序章ともいえる形で内部統制の基本を論じました。

　そもそも，私が内部統制に向き合うことになったのは，半世紀近く前に，公認会計士を職業として目指すようになってからでした。監査機能を適切に果たすには，良好な内部統制が前提であることが監査論で示され，それは監査対象のサンプリングを通して，試査という効率のいい監査が可能になるという考え方でした。

　試査とは，すべての取引を検証可能な証憑などでチェックする精査とは異なり，良好な内部統制を背景に，一部の代表的な取引を選び出して，その妥当性を確認することを通して財務諸表全体の適正性を保証しようとするものです。つまり，内部統制がしっかりできていればいるほど，選んだサンプルが全体を代表するサンプルとしての適格性がより高まるということが前提になっているのです。

　試査の導入は，前世紀初頭に台頭する資本主義を背景に，独立性を有する専門家としての外部監査人による監査の重要性が認識されていく中で，情報開示の適時性の観点から，監査業務の効率性向上への高まる期待の表れでもありました。

　この監査業務の効率性追求への動きは，本書で整理したように，監査人にとってはまさに苦闘の歴史とも言えるものでした。性善説を前提にした監査が，経営者による内部統制の無効化により否定され，さらに，選んだサンプルが母集団の代表選手とはならないサンプリングエラーを

排除するにはほど遠い内部統制の脆弱性に，監査人が資本市場の期待に応え続けていくのは困難を極めるものであったと言えます。

このように，内部統制の無効化と脆弱性の問題の深さは，試査導入時の想定を大きく上回るものでした。この問題に対処すべく，過去一世紀程度の長い時間をかけて議論されてきた結果，内部統制は，経営者が整備，運用，評価するものであるとされ，さらに，財務報告における虚偽表示や損失の危険に対処するだけのものでもなく，むしろ，組織の目的や，企業の理念，戦略の実現になくてはならないものという考え方が定着しつつあるのです。

このように内部統制への見方が変容・定着する中で，新たな課題が提起されています。それは，経営環境が大きく変化する中で，新たに出現してきた大きな機会と脅威です。それは，地球の環境問題であり，パンデミックへの対応であり，また，デジタル・トランスフォーメーションがもたらす異次元とも言うべき変革の動きなどです。

このような巨大な変化であるメガ・トレンドの中で，企業の在り方はいかにあるべきか，何を変え，何を変えるべきではないのか，これらに焦点を当て，100年後の経営はいかにあるべきか，企業理念，ガバナンス，戦略，リスク，内部統制の5つの関係から，わが国の長寿企業の特徴などを念頭に置きながら，今後も整理を試み続けたいと思います。

本書の出版に当たっては，プロティビティLLCの谷口靖美氏，牧正人氏，石川雅信氏，藤沢有紀氏，藤原史人氏，新井崇之氏，福嶋俊氏からさまざまな知見を提供していただき，さらに，公益社団法人日本監査役協会の三谷英隆氏，渡邉彩子氏，同文舘出版株式会社の青柳裕之氏から，多くの助言とご協力をいただきました。心より感謝申し上げます。

著者

内部統制に関与されるすべての読者の皆様のご健闘を
心よりお祈り申し上げます。

参考文献リスト

(The) Committee of Sponsoring Organizations of the Treadway Commission (COSO), *Internal Control—Integrated Framework*, 1992/1994.（鳥羽至英・八田進二・高田敏文訳『内部統制の統合的枠組み―理論編―』および，同訳『内部統制の統合的枠組み―ツール編―』白桃書房, 1996年）

COSO, *Enterprise Risk Management—Integrated Framework*, 2004.（八田進二監訳／中央青山監査法人訳『全社的リスクマネジメント―フレームワーク篇―』東洋経済新報社, 2006年）

COSO, *Internal Control—Integrated Framework*, 2013.（八田進二・箱田順哉監訳／日本内部統制研究学会・新COSO研究会訳『COSO 内部統制の統合的フレームワーク』日本公認会計士協会出版局, 2014年）

COSO, *Enterprise Risk Management—Integrated with Strategy and Performance*, 2017.（一般社団法人日本内部監査協会・八田進二・橋本尚・堀江正之・神林比洋雄監訳／日本内部統制研究学会COSO-ERM研究会訳『COSO全社的リスクマネジメント―戦略およびパフォーマンスとの統合―』同文舘出版, 2018年）

金融庁「金融検査マニュアル」1999年7月.

金融庁「ディスクロージャー制度の信頼性確保に向けた対応（第二弾)」2004年12月24日.

金融庁「記述情報の開示に関する原則」2019年3月19日.

金融庁企業会計審議会「監査基準の改訂及び監査における不正リスク対応基準の設定について」2013年3月13日.

金融庁企業会計審議会「財務報告に係る内部統制の評価及び監査の基準のあり方について」2005年12月8日.

金融庁企業会計審議会「財務報告に係る内部統制の評価及び監査の基準並びに財務報告に係る内部統制の評価及び監査に関する実施基準の改訂について（意見書)」2011年3月30日（2019年12月6日改正).

経済産業省「グループガバナンスについて（コーポレート・ガバナンス・システム研究会での検討)」2019年3月5日.

総務省「地方公共団体における内部統制制度の導入・実施ガイドライン（たたき台)」2018年7月27日.

東京証券取引所「コーポレートガバナンス・コード」2018年6月1日改訂.

東京証券取引所「東証上場会社コーポレート・ガバナンス白書」2019年5月.

東京証券取引所・日本公認会計士協会「東証・協会による共同プロジェクト中間報告」2005年3月15日.

日本監査役協会「会計監査人の評価及び選定基準策定に関する監査役等の実務指針」2017年10月13日改正.

日本監査役協会監査法規委員会「監査役等と内部監査部門との連携について」2017年1月13日.

日本公認会計士協会「経営研究調査会研究報告第40号『上場会社の不正調査に関する公表事例の分析』」2010年4月13日.

日本公認会計士協会「監査基準委員会報告書240『財務諸表監査における不正』」2011年12月22日.

日本公認会計士協会「監査・保証実務委員会研究報告第32号『内部統制報告制度の運用の実効性の確保について』」2018年4月6日.

日本公認会計士協会「経営研究調査会研究資料第5号『上場会社等における会計不正の動向』」2018年6月26日.

日本公認会計士協会「『監査基準の改訂に関する意見書』に対応する監査基準委員会報告書701『独立監査人の監査報告書における監査上の主要な検討事項の報告』等の公表について」2019年2月27日.

日本公認会計士協会「監査基準委員会報告書315『企業及び企業環境の理解を通じた重要な虚偽表示リスクの識別と評価』」2019年6月12日改正.

日本公認会計士協会「監査基準委員会報告書610『内部監査人の作業の利用』」2019年6月12日改正.

日本内部監査協会「改訂 内部監査基準」2014年5月23日.

プロティビティLLC編/谷口靖美・牧正人著『リスク・コントロール・セルフ・アセスメント―組織を強くするリスクマネジメントと内部統制浸透の推進ツール―』同文舘出版, 2015年.

松本祥尚「わが国証明制度の多様化と保証水準の関係」『現代監査No.15』2005年, pp.47-54.

索　引

208

《著者紹介》

神林 比洋雄（かんばやし・ひよお）

プロティビティLLC シニアマネージングディレクタ，
ERM経営研究所LLC 代表社員，公認会計士

　1976年アーサーアンダーセン入社。国内外を含む監査及びビジネスコンサルティング業務に従事。朝日監査法人（現 あずさ監査法人）代表社員，本部理事，アンダーセン・ワールドワイド組織 取締役を歴任。2003年株式会社プロティビティジャパン（現 プロティビティLLC）代表取締役社長就任。プロティビティ・エグゼクティブ・カウンシルボードメンバーを歴任。16年より現職。

　ガバナンス，戦略，ERM，業務プロセス，ITシステム，内部統制，内部監査に関わるコンサルティングを多数手掛け，グローバル化における組織ガバナンスの在り方，戦略推進を目的としたERMの構築，コンプライアンスやSOX対応等の指揮・監督を行う。

　外務省改革委員会アドバイザー，経済産業省企業行動開示評価委員会事務局長，日本監査役協会コーポレート・ガバナンスに関する有識者懇談会委員などを歴任。

　多摩大学大学院 客員教授ERM担当（04〜09年），青山学院大学大学院会計プロフェッション研究科 客員教授ERM担当（10〜12年），早稲田大学大学院 商学研究科講師 ガバナンス・ERM担当（11〜14年），一橋大学 財務リーダーシップ・プログラム（HFLP）講師（15年〜）。日本内部統制研究学会会長（16〜19年）。

　双日株式会社 監査役（非常勤，17年〜），株式会社村田製作所 社外取締役 監査等委員（18年〜）。

2020年 5 月15日　初 版 発 行
2024年 5 月15日　初版 5 刷発行　　　　　　略称：今さら内部統制

今さらきけない内部統制とERM

著　者　ⓒ　神　林　比洋雄

発行者　　　中　島　豊　彦

発行所　同 文 舘 出 版 株 式 会 社
東京都千代田区神田神保町 1 -41　　〒101-0051
営業（03）3294-1801　　　編集（03）3294-1803
振替 00100-8-42935　　https://www.dobunkan.co.jp

Printed in Japan 2020　　　　　　　　　　　製版　一企画
印刷・製本　三美印刷

ISBN978-4-495-21010-6